하루의
사계절

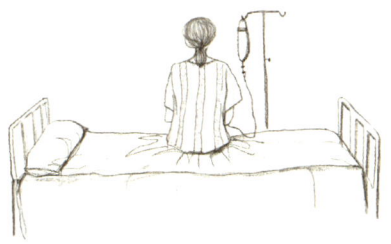

고백의 서문

깊은 고독과 절망 속에서 헤매던 저는 마침내 주님께로 나아왔습니다. 가쁜 숨 사이로 스며들던 긴 가난, 그로 인해 야위어 버린 몸과 마음은 기적의 때를 기다리며 베데스다 연못가에 홀로 누워 있던 병자와도 같았습니다.

저를 일으켜 연못에 넣어 줄 누군가를 기다리던 그 막연한 외로움, 이틀 치 만나를 미리 거두려는 조급함과 탐욕, 자꾸만 뒤돌아보게 하는 미련과 좌절의 그림자, 오랜 여행 끝에 해진 옷을 걸친 나그네처럼 죽음의 산을 홀로 넘어와야 했던 나날들…

희망이 모두 사라진 듯한 그 쓸쓸함 속에서 마침내 저는 당신께 이르렀습니다.

영광을 고난 뒤에 숨기신 주여!

그 은혜를 잊을 수 없어 수없이 썼다 지우며 보낸 긴 시간. 어눌하고 부족한 언어로 눌러쓴 글 속에는 눈동자처럼 저를 지켜주신 당신께 향한 모든 고백이 담겨 있습니다.

은혜의 여정

고향 방문

고향에 돌아왔다.

오래도록 잊은 줄 알았는데,
발끝부터 가슴까지 무언가
밀려 올랐다.

내가 살던 동네엔 …

넓고 맑은 강이 있었다
여름 햇살 아래,
물빛은 꼭 보석처럼 빛났다.

그 강은 누군가에게는 피서지였지만
나에게는...

아버지의 술 주정을 피할
피난처 였다.

피서객들의 행복은
전시 되었고...

우리는 관람객처럼
바라볼 뿐이었다.

집으로 향하는 길은...

언제나 칠흑같이
어두웠다...

강가에서 머물던
다른이의 행복은

나를 따라오지 않았다.

나는... 집이
싫었다.

집안에서 겪었던 그 말못할
서러움의 하소연은

어두운 밤하늘을 바라보며
별에게 쏟아내었다

언니야...
우리 어른되면 꼭
다시오자!

선뜻 다음을 기약할 수 없는
현실이 더 슬펐다.

수많은 시간, 계절, 세월이 흘렀다.

우린정말 돌아왔다.

고향교회에 강사로
초청 받아...

마을 곳곳에 나를 환영하는
플랜카드와 함께...

가슴깊이 묻어두었던 애절한

마음의 소원하나를
이루어 주셨다.

나의 주님이...

주님은 나의 눈물위에

기쁨을 꽃처럼
파워내셨다.

돼지
잡는날

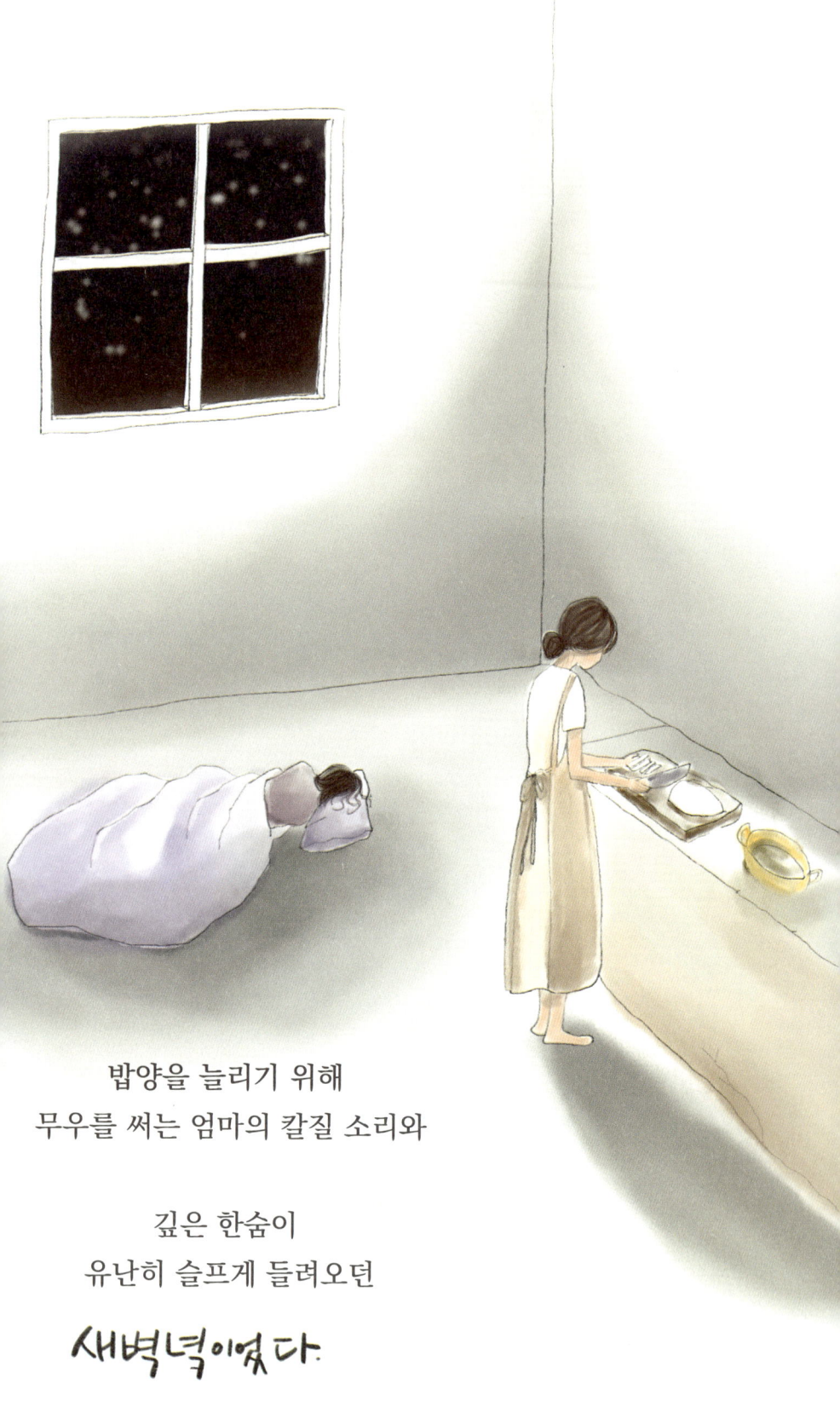

밥양을 늘리기 위해
무우를 써는 엄마의 칼질 소리와

깊은 한숨이
유난히 슬프게 들려오던

새벽녘이었다.

밤마다 이불속에 머리를 넣고

서로의 희망을 이야기하며,

우리는 빨간
돼지 저금통에
꿈을 심었다

기침 때문에
앉아서 밤을 세우며

가쁜숨을 몰아쉬는
어린딸을 바라보며

엄마는 결국...

우리들의 꿈의 등에
칼을 대기로
마음 먹으셨다.

'후두둑' 소리와 함께,

우리의 꿈이

차가운 바닥으로
쏟아져 내렸다.

나는 몸이 아파서 울고
동생들은 마음이 아파서 울고...

한 공간에서 이토록
각기 다른 이유로

서럽게 울수
있다니...

일찍 철이든 어린동생들은
밥그릇을 앞에두고,

울기만 할 뿐 끝내...

아픈나를 원망하지
않았다.

동생들의 울음소리를
뒤로하고…

바꾸지 못한 동전들을 쓸어 담아

시골버스를 타고
읍내 보건소로 가는 길

등골까지 파고드는

한기를 온몸으로 맞으며,
엄마는 가장 슬픈 그날,

장군처럼 저벅저벅
나를 업고
묵묵히 걸음을 옮기셨다.

엄마가 힘이들까봐

등에 매달려
가는 내내… 나는

얼마나
애를 썼는지…

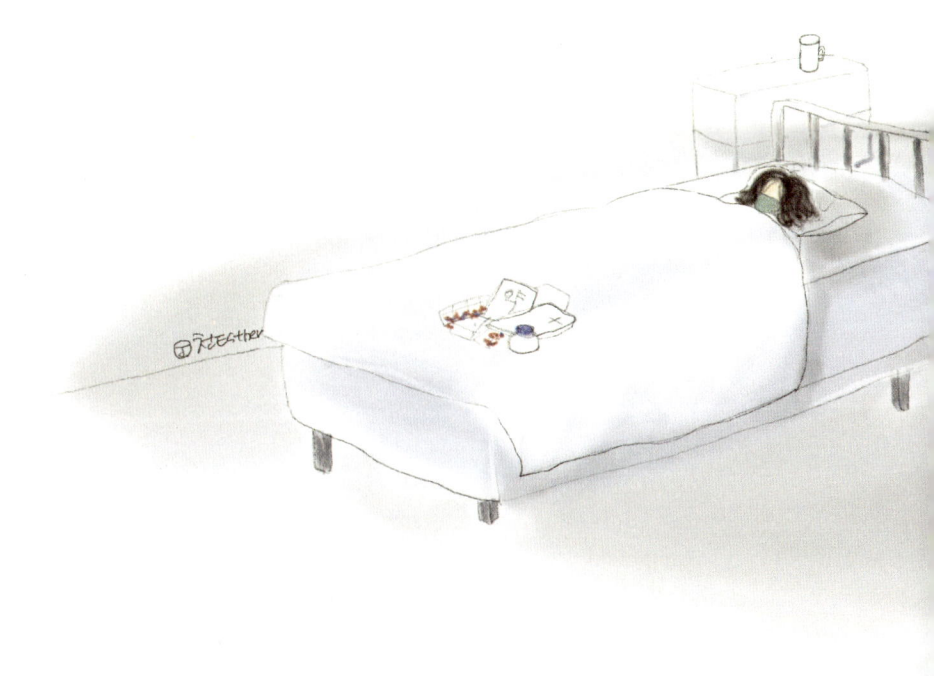

전염병, 격리, 휴학...

밥보다 많은 약을 먹고
오래도록 주사를 맞아야 한다는 현실이

참 많이도 슬펐던 그날...

엄마도 나도...이렇게 긴 투병 생활이

17년이나

이어질 줄은
그땐 미처 알지 못했다.

나약한 인간이 어찌
하늘의 뜻을 알겠는가

하늘이
돌보는 목숨으로

이리 오랜 세월
살아낼 줄을...

빨간 망토

아버지가 집에
모시는 날엔

엄마의 옅은 미소를
볼 수 있는 날이었다.

엄마가 웃으면 어린 우리들도

덩달아 행복했으니까...

대문밖

아버지의 손끝에 매달린
빨간 망토를 입은

작은 꼬마 아이...

돌봄 받지 못한
초라한 우리들과 달리

망토 속 그 아이는

유독 반짝였다

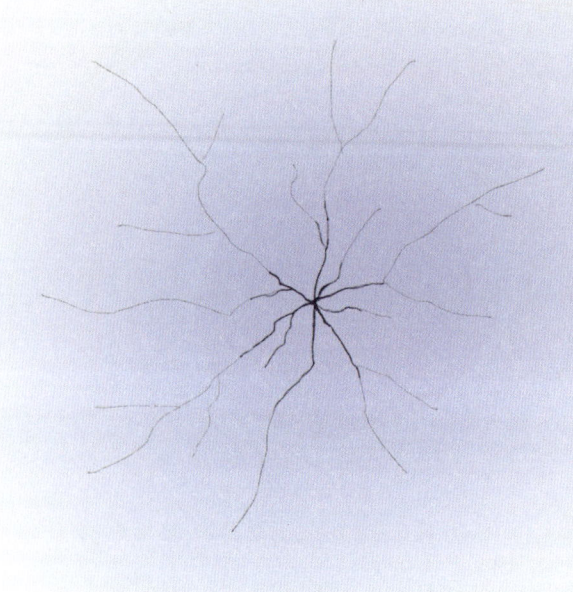

"동생이다"

아버지 한마디에

집안은 유리 조각처럼...

산산조각이 나버렸다.

엄마의 차가운 눈빛...
그리고
그것을 못본체하는 아버지...

그 숨막히는 긴장감이
집안에 가득했다.

열손가락 깨물어
안아픈 손가락이
없다고 했는데...

하지만 그 설움도 잠깐...
온통 내눈엔

빨간망토만 보였다.

오색실로 짠 빨간망토
성경 속 편애의 상징

요셉의 채색옷...

모두가 집을 비운
어느날!!

콩닥 콩닥!!

마법의 휘장같은
망토를 입었다…

이제 나도 사랑 받을 수 있겠지!

하지만…

그짧았던 행복도
잠시…

고된일을 마치고

들어서던 엄마는

당신의 설움의 아픔을
망토를 걸친 어린 나에게

모진매질로 토해내었다.

하지만 난 그런 엄마에게 너무
미안해서

끝까지 울지 않았다.

세월이 흘러
나는 이제
고난의 헝겊조각을 모아
상처의 틈새마다
하늘의 실밥으로

아픔을 수놓으며

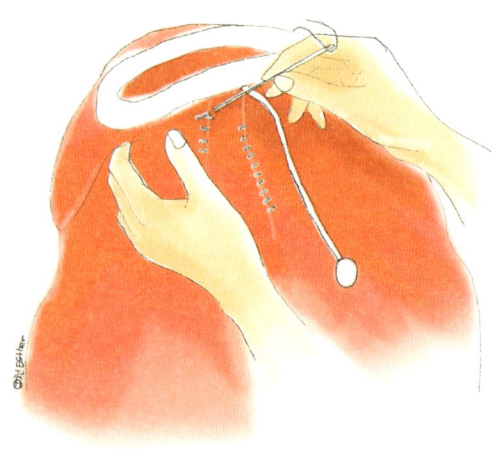

주님이 입혀주신

편애의
망토를 입고
오늘을 산다.

천국이 된 첫사랑

국립 마산 결핵병원,
그 차가운 병실에서
나는 세상에 없는 천국을 만났다.

환자복조차 근사했던
서울의 오빠...
그 목소리 하나에

봄이 피었다.

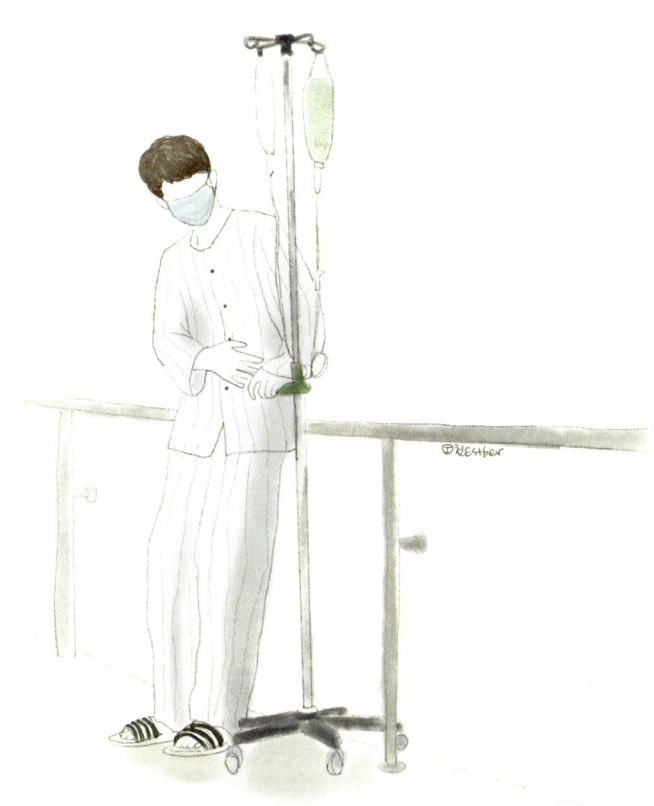

기타를 메고
걸어오는 그림자.

"안정시간 벨"이 울릴 때까지
우리는 병실 밖 시간을 훔쳤다.

동병상련이 사랑이 되던 날...

가장 슬픈곳에서
가장 빛나는 계절을 만났다.

전쟁터 같은 집으로

퇴원하는 날은...

지옥같은 날!!

오빠가 쥐어준 일기장은

나의 구원이었다.

집으로 돌아온
병색이 완연한 나를

새엄마는...

공장으로 보냈다.

짧은 점심시간...

양지 바른곳에 앉아
오빠의 마음이 담긴

일기장으로

아픈현실을 버텼다

갑작스런 이사 후

끊어진 편지...

잃어버린 일기장.

결혼 후 어느날

여보세요...
하귀선씨?

"나 ㅇㅇㅇ인데..."

오빠였다.

오빠는 아내가 사온
나의 찬양CD 표지속에서

다시 나를
찾았다 했다.

남편의 허락을 받고
하늘을 날으며 달려가 만난 오빠!!

법조계의 신사로 변해진 낯선 오빠
하지만 여전히
따뜻한 그 눈빛

살아있어줘서
고맙다

오랜시간
알수 없는 나의 거처를
찾아 헤맸다는 오빠...

그 한마디 말에

17년 병상의
서러움이 녹아내렸다.

천국에서 다시만날것을
약속하며

우리는 돌아섰다...

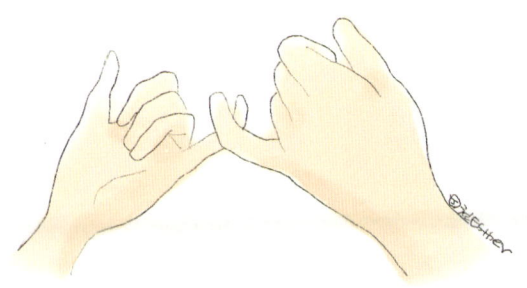

같이가요
천국에...

그 약속과 함께...

첫사랑은
아픈 사연이 가득한 병동에서도
바래진 일기장 속에서도

그리고 30년 후의
짧은 재회에서도

시간을 멈춘 아름다움으로

내 가슴에 영원히 머물러 있다.

지금 나의 첫사랑의 일기장은

성경책!

주님의 마음을 읽으며...

홍시

먹을것 귀하던 그시절
시간을 기다리기만 하면
저절로 영글어가는 아름드리 감나무는

한적한 시골마을
아픈몸을 갖고 지내는
어린나에게는

놀이터였고 쉼터였다.

또래 친구들은
가방만 매면
어찌 그리 뛰어 가는지...

가방 맨 뒷모습도,
뛰어가는 건강도,
왜그리 부러웠는 지...

시끌벅적이던
친구들이 모두 다
사라지면

커다란 감나무는 오롯이
나의 차지였다.

하루 종일 지치지도 않고
뛰어다니는

주인을 알수없는
강아지를 동무삼아

적막한 골목길에 홀로 앉아

연노랑 감꽃을 주워다

실에 꿰어 목에 걸고

감나무 아래 누워

상상의 나라로
여행을 떠난다.

상상속에서 나는
백마탄 왕자님과의

근사한 파티의

주인공도 되어보고

올림픽 경기장에
금메달을 목에 건

선수도 되고...

보약같은 홍시
한입 삼키고 나면

가을의 온기가
가슴에 스민다.

홍시가 익어가는 가을은
춥지도 덥지도 않아
숨쉬기가 얼마나 편안한지…

자연이 내게 건네는
위로였다.

홍시12

엄마는...

떫고 어린 풋감 마저

우리를 위한
간식으로 만드셨다.

가난한 엄마의
눈물과 정성으로 삭아진
그 알싸한 맛은...

아픈나에게 영양제가
되었다.

한여름 작렬하는 태양에
빨갛게 달아오른 홍시도
새신부 분바른 얼굴처럼
하얀 가루속에 납작 겸손해진 곶감도

나에게 아낌없이 주고 가는

선물이었다.

사선을 넘나들던
오랜 병원생활을 마치고
집으로 돌아온 날
나를 반기준건...
이웃집 감나무였다.

달콤한 홍시를 베어물면서
이유를 알 수 없는
눈물이 흘렀다.

내년 가을에도
이 홍시를 먹을수
있을까?

그 때 이후 나는
떡국 한그릇으로 나이를 셈하지 않고

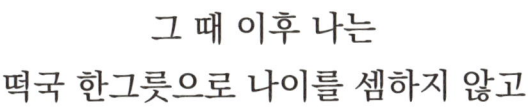

달콤한 홍시 한입
베어물면

비로소 일년 365일을
선물로 채워 넣는다.

홍시
그후…

그렇게 좋아하던 홍시가
유난히 붉게
익어가던

어느해 가을...

엄마가... 말없이
사라져 버렸다.

며칠을 울다 깨다,

자다 울다...

기댈곳 없던 외로움과

버려진 공허함만이
나를 감쌌다.

그날이후...

감나무 그늘은
놀이터가 아닌...

엄마를 기다리는
서러움의 장소가 되었다.

어른이 된
지금…

눈부신 가을도
달콤한 홍시도

바쁘고 빠른 세상속에

나에게는
기다림을 알게 한

소중한 스승이 되었다...

아버지
나의
아버지

14살 세상에 홀로선

나이였다.

아프다는 어리광 대신
폭군같은 아버지 수발과

어린 동생들까지 돌보는

주부가 되어야 했다.

아버지의 분노는...

세상을 향한

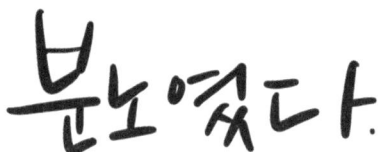

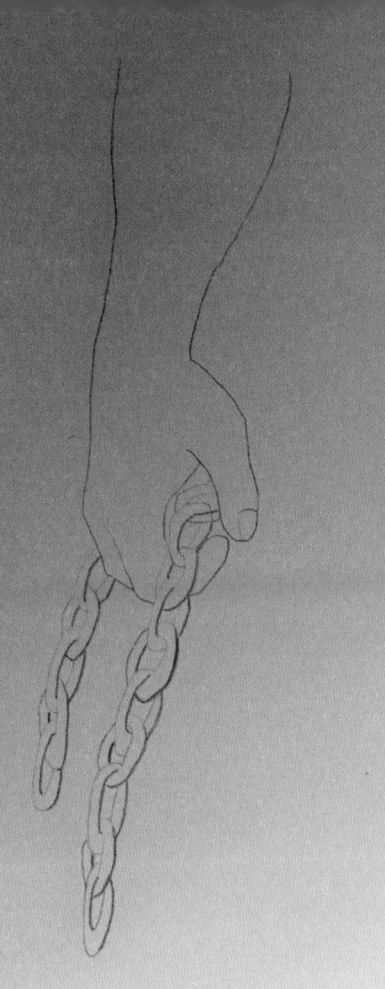

술이 주식이 되었고
빌어도 멈추지 않던 매질보다

동네 구경거리가 되어
맨살을 보여주는 것 같은

부끄러움이 더
서럽고 아팠다.

심해져 가는 병으로
병원입원은

유일한 탈출구였다.

마산 결핵병원

최연소 결핵 환자!

그렇게 시작된 병원투어

그리고 한곳에서

3년간의 병원생활

그곳은 나에게
아버지를 보지 않아도 되는

고통의 끝이자

작은 천국이었다

아버지
나의
아버지2

어머니라
불러야 한분이

다섯이었고,

전염병으로
외톨이가 된 시간은
두렵고 무서웠다.

아버지가 가정을 조금만 더
돌보았다면...

이리 길게
아프지 않았을텐데...

몸이 아픈날엔 원망이
깊어졌다.

숨이 차 학교에
가지 못한 날,

친구들의 웃음소리가 사라진
고요가 무서워지면...

훈장처럼 모은 장난감 보석함은
아픔도 잊게 만드는

나의 전재산이자
위로 였다.

보석함을 열고
혼자 거울앞에 놀고 있던

그 때...

술에 취해 들어오신 아버지에게

찬란했던 그시간을

그만...

들키고 말았다!

이 가시나가
술집여자가 되려고 하나?

그 고함은 공주의 꿈을 깨뜨리고
현실로 돌아오는

12시 괘종소리 같았다.

거칠게 보석함을 빼앗긴 그 순간...

아프지도, 아버지가 무섭지도 않았다.

오로지 생명같은

보석함을
지켜야
한다는

절박함 뿐이었다.

처음으로 아버지 다리에 매달려
애원했다.

잘못했어요
아버지...

다시는...안그럴게요

제발...제발...

애절한 목소리가 아버지의 마음을

더 격노케 했을까?

보석함을 푸세식 화장실에 던져넣던

무섭게 변한 아버지의 표정은
평생의 상처로 남았다.

아픈 딸의 비명소리를 못들은체 하며
신음처럼 토해내던
아버지의 외침은

병든 자식과 자신의 처지가 서러워
하늘에 외치는

아버지의 절규였다.

아버지
나의
아버지 3

오랜 시간이 흘러

찬양과 간증사역을 하는
사람이 되었다.

아버지가 존경하는 분들과

나의 얼굴과 이름이 나란히 실린
전단지를

여동생 편에 아버지께
보내드렸다.

평생 구두쥐였던
아버지가

그 전단지를 보시고는
동생 가족을 고깃집으로
데려 가셨다.

아버지는 식당이 떠나가라 외치셨다.

"하귀선이!
이게 내딸이요
내 딸!"

소동이 끝나고

거목 같던 아버지는
말없이

소주 몇잔을
들이키셨다.

"어릴적
귀선이 보석함 뺏어다
변소에 던져 버렸던 그 일.."

내가 그게
오래도록 미안했지...

동생에게 전해들은
난생 처음 듣는

아버지의 사과에...

가슴깊이 박혔던 돌덩이가
'툭'하고 떨어져 나갔다.

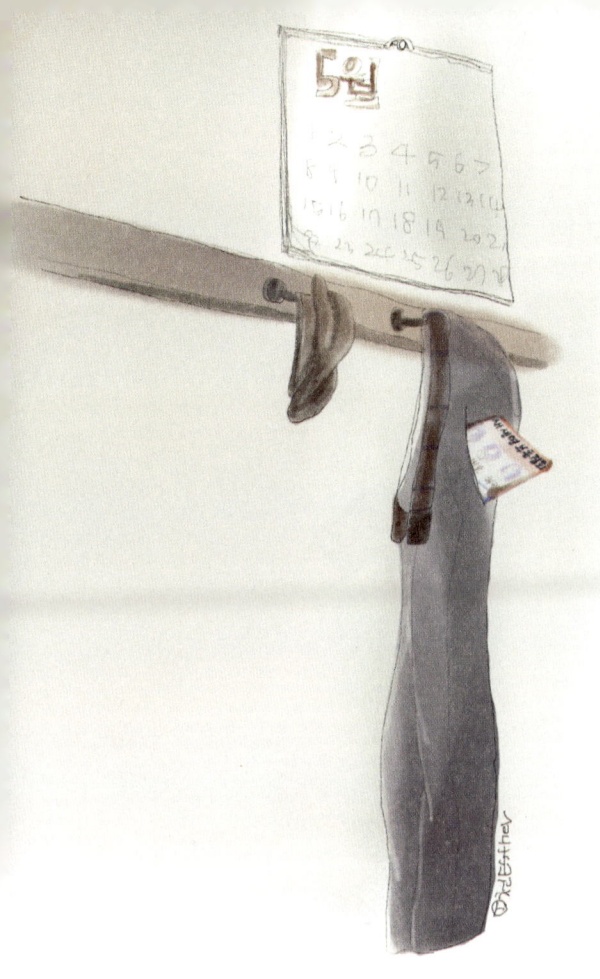

그날 이후
1년여의 시간이 지난 명절..

아버지의 주머니 속,

얼마나 많이 펼쳐보셨는지
모서리가 다 닳아버린 전단지에서

자신을 용서 받고 픈
아버지의 서툰 사랑을
보았다.

아버지에 대한 상처 탓이었을까?
하나님을 아버지라 친밀하게 부르는데

난 참 오랜시간이
필요했다...

그런데...
그 낡은 전단지 한장에
나는 무너졌다.

그리고... 육신의 아버지께

나의 주님을
소개해 드렸다.

아버지는
예수님을 영접하셨고
나는 비로소

내가 영원히 거할
천국으로
아버지를 먼저
보내드릴 수
있었다.

이제 나는 안다...

언제나 그자리에 계시는
하나님 아버지가

나의 진짜 아버지인 것을...

먼 훗날

'아버지~~!'라고 부르며 달려가
주님의 품에 꼭 안기는 그날을 꿈꾸며

나를 공주로 만들어준 보석은...
나를 견딜수 있게 한 왕관은...

하늘 아버지셨던것을...

아빠
Thank you!

하얀
교복

0000 결핵병원 3년
00 결핵병원 1년
00 도립병원 6개월

그리고...

중학교 2학년부터 시작된
병원 생활로

휴학 휴학 휴학

고등학교 입학을 축하합니다

까만치마에 하얀색 교복을 입고
친구들이 고등학교 입학하는

봄날...

나는

밤새 피를 토해

엠뷸런스에 실려

또다시 병원으로...

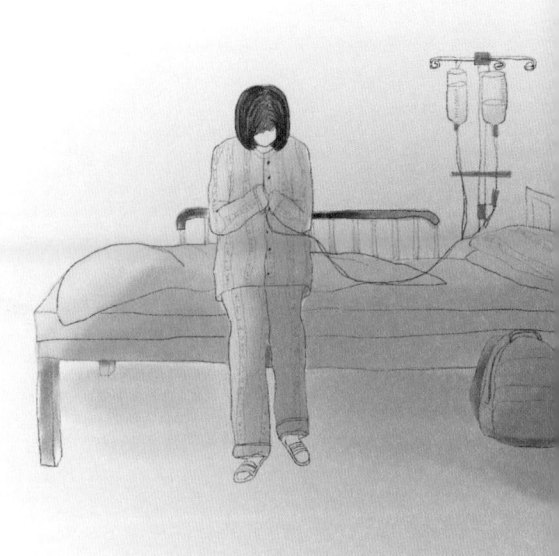

어른들이 입으시는

한뼘이나 큰
환의복으로 갈아입었다.

유난히도...
꽃샘추위가 매서웠던 새벽녘...
갑자기 토해내는 각혈에

밤새 병원복도에 한바탕

소동이 있었던 날...

실습 온 또래의 간호조무사
친구들 덕에
조용했던 병원이

웅성웅성

나를 향한 호기심
가득한 그들의 눈빛이 버거워

침상 위 이불을

머리끝까지 끌어올렸다.

피를 토하는 두려움도 없이
감옥 같은 병실에 갇히지 않고

희망을 재산으로 가진
또래 아이들…

환한사복으로
자유를 갈아입은
친구들을 바라보며

숨죽인 울음이
창문에 닿지 않도록

흐느껴 울었던
그날...

꿈 많은 여고시절이라고...

나는 꿈도
여고시절도
통채로 겪어본 적 없는

부러움의 시간이다...

중2에 멈춘
시계 바늘

하나님께 졸라볼

소원 하나 ♥

하얀 교복 곱게 차려입고

세상에서 잃어버린
시간의 조각들을 맞추며

천국의 벚꽃길
걸어보는것.

엄마와 크리스마스

빛바랜 빨랫줄에 걸린
엄마의 미소

장독대위 달빛처럼 흩어지던
은은한 빛...

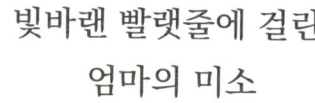

집안 곳곳 스며있는
엄마의 모습...

시간이 흐를수록
옷과 신발은 작아만 지는데
어찌...

이 그리움은...

고리대금 이자처럼
산더미가 될까?

그리움을 뒤쫓다

엄마 냄새에 취해

잠이든다...

크리스마스는
아기 예수님의 탄생

무서운 아버지의 생신

그리고...

나의 생일

생일 케익도
생일 파티도
생일 선물도

일찍 철든 나는...

포기가 빨랐다.

성탄 이브

기적처럼

엄마를 만났다...

아버지와 새엄마의 눈을 피해

뒷산 움막안에서

그리움의 눈물을
원없이 쏟아냈다.

생일축하 합니다
생일축하 합니다

사랑하는 내딸

생일축하 합니다

엄마와 동생들이 불러줬던
내생에 가장 슬펐던

하지만

행복 했던

생일축하!!

흩날리던 눈발처럼

순식간에 사라진
시간...

엄마는

미덥지 않은 작은 내 손을 잡고

신신당부를 했다.

내년에 꼭
다시 올께야.

동생들 잘 부탁해...

엄마가 매어준
목도리의 온기로

그 긴 겨울을
지난후…

엄마는 이듬해
약속을 지켰다

이제는 천국에 계시는

그리운 우리엄마!

이제 나의 기다림의 끝은

예수 그리스도

기다림이 소망이다.

그리움을 설레임으로 빚어낸
주님과 함께

이제 곧
나의 그리움을 만나리
내 엄마를 만나리...

엘리베이터
트라우마

환자로 누워지내는
병상곁에서

나보다 더슬퍼하던
동생의 눈망울

더 깊은 상처를 안고
눈물로
내곁을 지켰다.

유리로 만든 꽃처럼…
부서지기 직전인 나의 모습…

언니를 살려쥐면…

평생 예배에 빠지지 않을게요.

믿음 약한 동생에게
그 약속은
생명을 건 서원이었다.

하루하루 악화되어가는
나를 남겨두고
한달여의 간병을
마치고

동생이

집으로 돌아가던 날

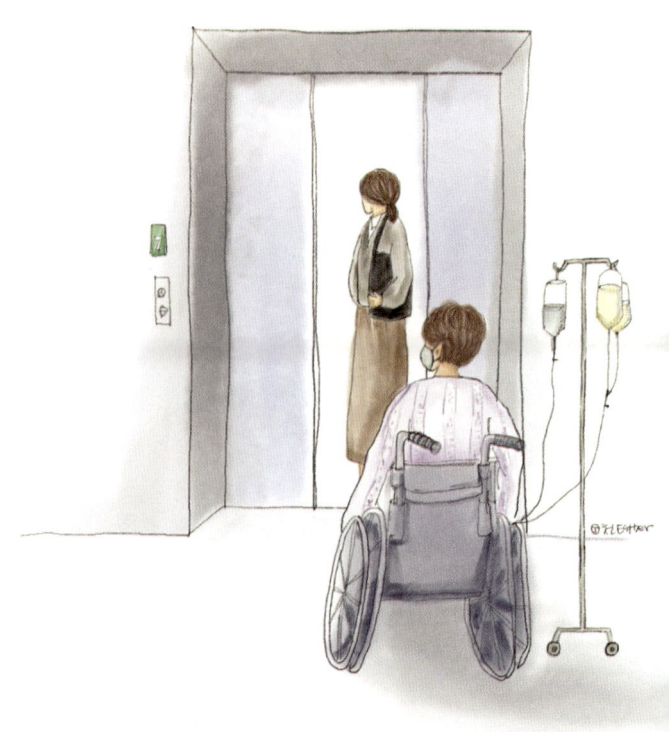

엘리베이터 앞

우리 자매는

말없이 마주섰다.

다시 볼수 있을까?

우리는...

서로의 눈동자에 비친

1라지막을
읽었다.

눈물을 삼키며 인사를
건네던 그순간...

엘리베이터는 철문처럼

무겁게 닫혔다.

집으로 돌아가는 길
아무리 애를 써도
멈추지 않는 눈물…

언니를 살려주세요
제발… 제발…

그날 이후...

동생에게 생긴
아무도 배웅할 수 없게 된

엘리베이터의
트라우마!

동생의 간절함은
하늘을 움직였다.

나는 병마에서
살아났고

동생의 기도는
기적을 선물로 받았다.

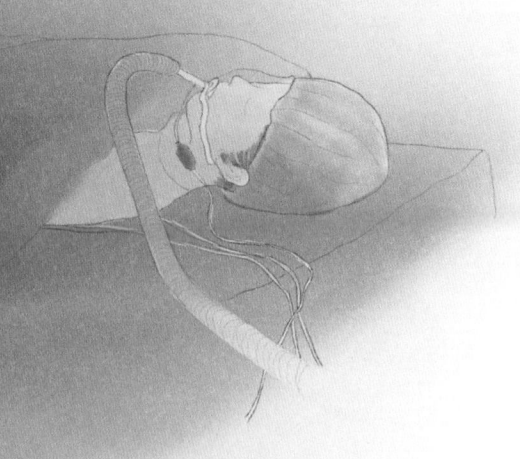

그러나 이번엔
그 동생이 뇌출혈로
수술대 앞에 누웠다.

동생에게
아픈 내가 줄수 있는

최고의 치료제는
바로…

간절한 기도

하나님이 사랑하는

언니찬스 한번만
나누어 주세요

수술실로 향하며
동생도 간절히 간절히
기도했다.

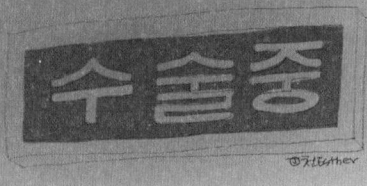

뇌출혈 위험 속에서도
동생은 건강히 돌아왔다.

동생의 기도는
하늘을 움직였고

우리 자매의 인연은
다시 이어졌다.

동생은 약속을 지켰다

이제 동생의 기도는

나의 또 다른
호흡이다.

부산
집회

호환마마보다 무섭다는
목사님과 사모님들 모임...

그곳에 강사로 섰다.

무뚝뚝한 경상도 목사님들의
전쟁에서 돌아온 듯한

지친 동역자들의 눈빛에
눈시울이 붉어졌다.

집회가 끝나고

혹시... 저 모르시겠어요?

"공주 결핵 병원 간호사였는데..."

그녀는 내 머리스타일까지 기억하고 있었다

그녀의 존재가 확인되는 순간
시간은 30년 전 병원으로 이동한다.

그때 그시절...

병실 창문을 통해 들어오던
희미한 햇빛
기침에 젖은 이불...

그리고 하얀 유니폼을 입은 간호사...

내 온몸이 기억하고 있었다.

절망 속에서
피어났던
인연의 기록

간호사와 환자...

서로 다른 삶 속에서
"사모"로 재회한

기적같은 만남.

이리 오래 살아계실 줄 몰랐다는 농담이
진심이 된 순간

나는 이제

다른이의 삶에 꽃이 될수 있또록

희망을 심는다.

랑거의
눈물

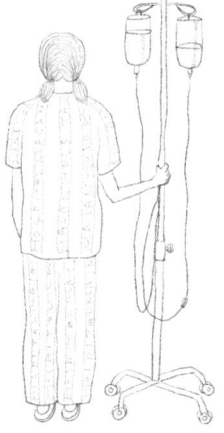

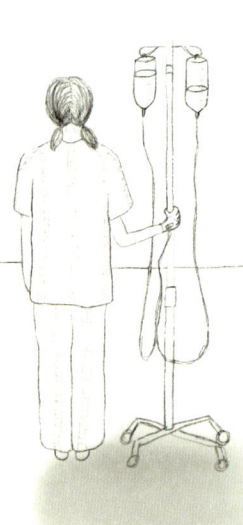

나도 언젠가
걸을 수 있겠지
뛸 수 있겠지

훨훨 날수 있겠지...

17년 긴 투병생활
이웃집 마실가듯

주섬주섬 가방을 챙겨들고
출국심사를 기다리듯

오늘도 입원절차를
밟는다

이름과 환자번호를 쓴
팔찌가 채워지면

그때부터 나의 자유는
오롯이 의사와 간호사에게
넘어간다

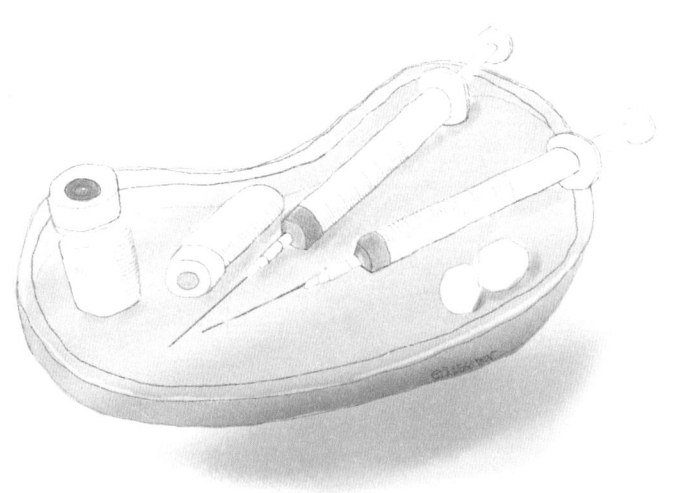

치료가 끝나면...
걸을 수 있을까?
뛸 수 있을까?
날 수 있을까?...

한달, 두달...
의료진의 눈빛만으로도
병의 위중을 알아갈 만큼
익숙한 병원생활...

소망이 절망으로
변해간다.

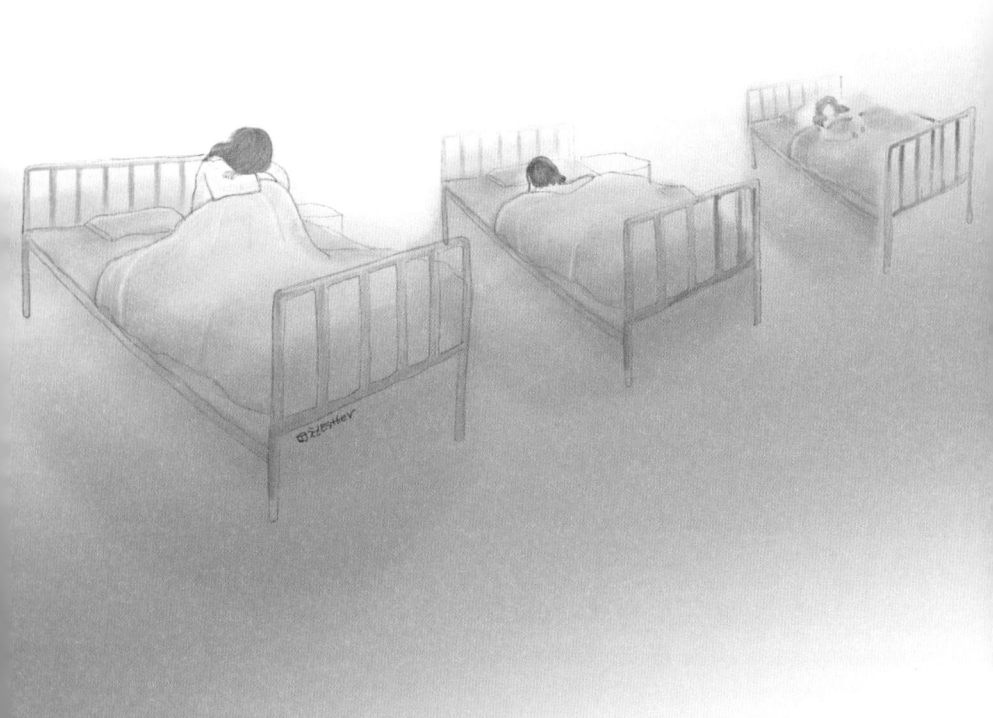

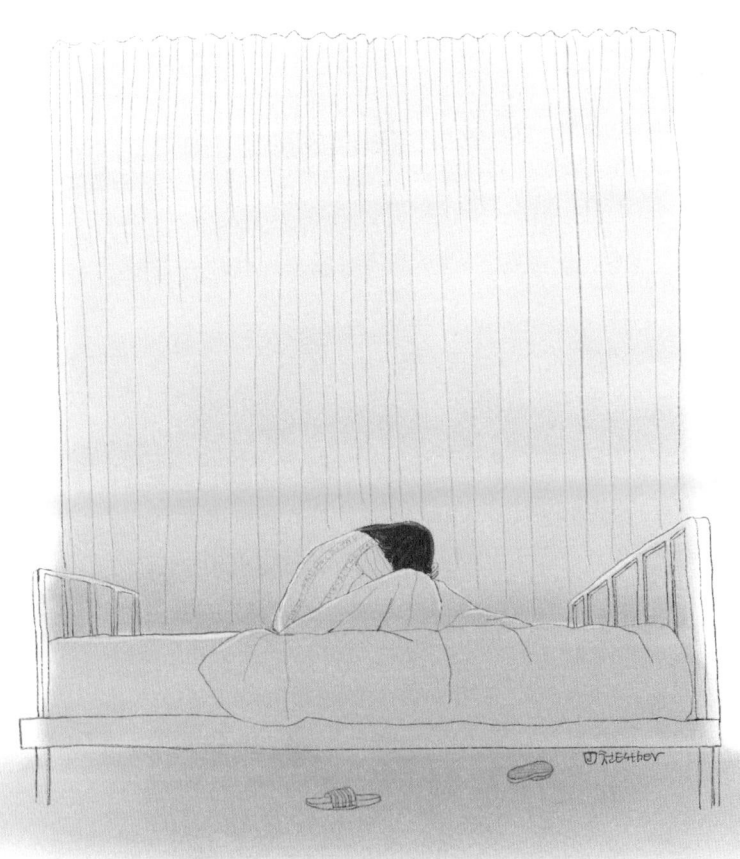

장기 입원환자에게 주어지는 최고의 특혜
바깥세상을 가까이 지켜볼수있는
창가 침대조차도 거부하고

6인 병실
가장 구석진곳 침대에 누워

커튼을 꼭꼭 닫았다.

몸은 병과 싸우고...
마음은 비참한 인생과
싸운다.

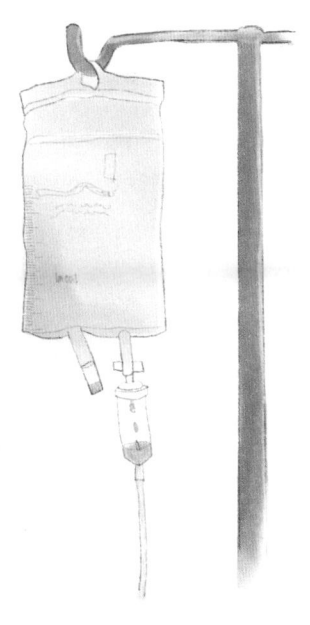

홀로 뒤척이며
신음하던 그때
대롱대롱 매달려 있는
링거에서

뚝… 뚝…

생명 주머니를 터트려
한방울의 눈물로
애절하게

나를 위해 울고
있었다.

나만을 위한 눈물의 소리
비로소 보인다.

날 위해 울고 계신
그분의 사랑이

아! 예수님이셨구나

커튼을 걷어 젖힌다!

나도 이제
걸을 수 있다.
뛸 수 있다.

날 수 있다...

남들과 다른
하나님의 때에

하나님의 방법으로...

신호등

사모는

사거리 도로 위
휑하니 매달려 있는

신호등

ⓒ천Esther

때로는 멈추고
때로는 쌩하고 지나치지만...
마음에 담아두는 이 없는

외로운불빛...

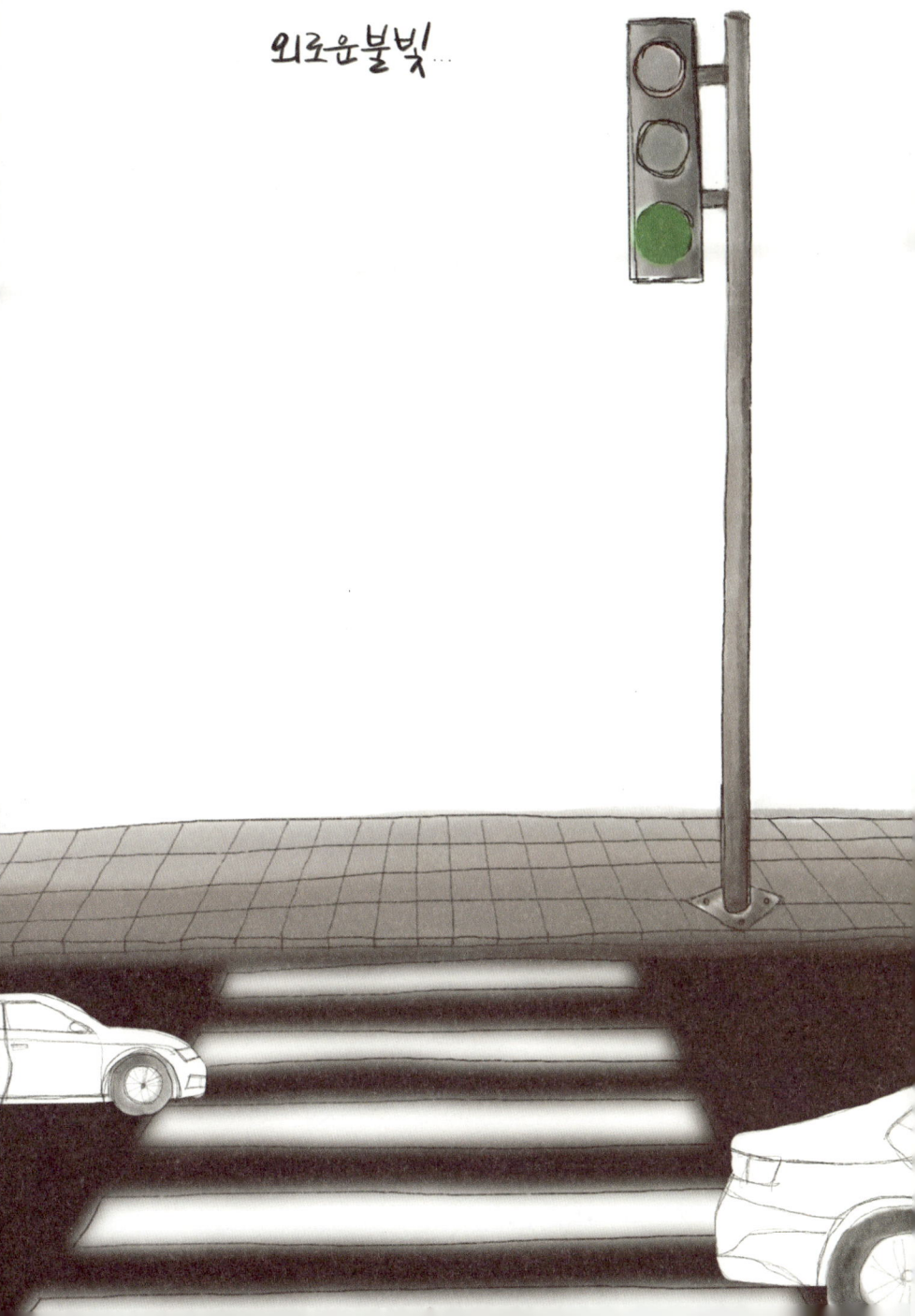

안부를 건네는이
하나 없어도

비바람, 찬바람, 뜨거운 햇살 아래
꿋꿋이 매달려
사명을 감당하고 있는 신호등

신호를 무시하는 차들...
무단횡단하는 이들을
안타깝게 바라보는 신호등

제발... 멈춰요

신호등의
애간장은
녹아만 간다.

휘황찬란한 도시에서도
불빛하나 없는 깜깜한
시골길에서도

그렇게 자리를
지킨지 10년... 20년...

그곳에 세우신

그분의 뜻에 순종하며

빨강, 주황, 초록...
불빛을 바꿔주는 성실한 신호등

그렇게 우리는

무언의 불빛으로 서로에게
내가 서 있는 거리의
안전을 전한다.

늦은밤
깜깜한 시골길 신호등 앞에서

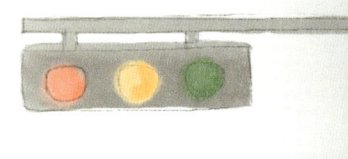

가만히 살펴본다.

나를 그곳에 있게 하신 그분이
다시 내게 오실때까지

지치지 않고
그빛을 비출수 있도록

따뜻하게 돌보는 것!

그것이 곧 사모다움 선교회

그리고
나의 사명이다.

숨쉬는것
만큼
감사

하나님이 생기를
내 폐에 불어넣어
주셨어요

하나님의 생기에
생명이 된 나는
주님의 것이랍니다.

어디서나 주의 것이오

언제든지 주의 것이지요.

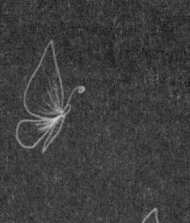

사나 죽으나
그리스도의 것이 되어 살고 있어요.

들숨에 내 믿음의 숨결이 있어요.

날숨에 내 고백이 숨어있어요.

숨쉬는 것에 감사를 부어주신
주님을 찬양해요.

숨쉴때마다
감사할수 있어서
정말 감사해요.

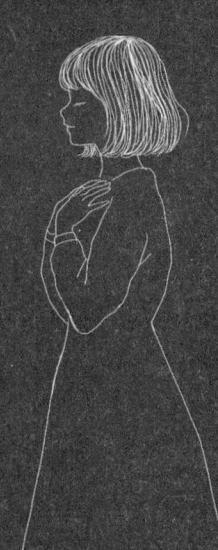

그리고 보니 숨 쉬는것이
감사로 쌓여

하늘의 상급을 이루었어요.

사랑하는
나의 딸아
고마웠다

주님을 만나게 되면

내가 하고 싶은 첫마디

주님 감사합니다.
주님 감사합니다.

보좌에서 내려오신 주님

저를 안아주시며 하시는 말씀

"아니야 사랑하는 나의 딸아

그렇게 힘들고 어려웠는데

잘 살아줘서

내가 너 때문에
더 고마웠다.

너의 흔적은

나의 발걸음이었고

네가 살아있음이
내가 살아 역사하는
하나님이라는 것을
알게 해 주었단다.

사랑하는 딸아
정말 고마웠다.

듣기에
심히
좋았노라

한모금의 숨을 참고
우리주님 사랑해요

두걸음 걷고 쉬는 숨에
우리 주님 감사해요.

감사위에 내 숨소리가 얹혀 흐르고 있어요.
겸손위에 내 숨소리가 녹아 흐르고 있어요.

말씀위에 내숨소리가

우리 주님과 하나되어 있어요.

쌕쌕 거리는 숨소리에 기도소리 모아보니

어느새 안정된
내숨소리에

감사가 흘러나오네요.

감사위에 내 숨소리가

우리주님과
하나되어 있어요.

한번 쉬고 기도하고
두번 쉬고 기도하는 소리에
우리 주님은 내게 말씀하셨지요.

네 숨소리 듣기에

심히 좋았노라.

한숨
두숨
모아

나의 한숨을
입술에 걸어보니

나의 두숨은

하늘에 걸어지네

나의 한숨을 말씀에 담아보니

나의 두숨은

천국에 담겨지네

주가 주신 금쟁반 위에
살포시 놓아보니

나의 숨소리가

하늘의 보화되어
올라가네

기도의 금쟁반 위에 올려진
내 숨소리가

아름다운
향기되어

하늘로 올라가네

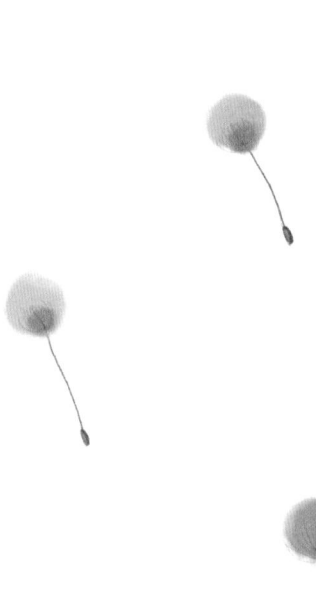

내 신랑되신 우리 주님의 코에 다다르자
내 숨소리가 생기의 향기되어

모든것을 맡으시기에
심히 좋았더라

말씀 하셨네.

오늘을
살아라

오늘은 금쪽 같은 너의 날이니라

오늘이 마지막 날안것처럼
살아라

오늘만이 너의 날임을 기억하라
나와 동행하는 날도

오늘 뿐이라

어디를 가려고 하지 말고
무엇을 하려고 하지
말라

너는 오늘도 나와
동행하고 있느냐

나와 함께 하는 동행만이
영원히 없어지지 않을
상급이니라

하루의
사계절

아침 점심 저녁 한밤중의 숨소리가

봄 여름 가을
겨울이 돼요.

아침에 봄꽃으로 피어

밤에는 눈꽃으로 져요

하루에 사계절을 살아가는 나는

하루를 일년같이
살아가요

나에게 복음을 위한
너무도 짧은 사계절

하루거든요

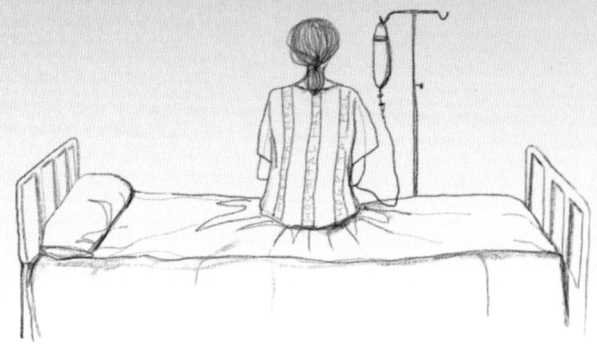

하루가 천년같고

천년을 하루같이 사시는

주님도 내마음 아실 거에요.

이 하루의 사계절 속에서...

두걸음

내가 걷는 영의 두걸음
땅을 보고 정금길 걸음
하늘 보며 생명길 걸음

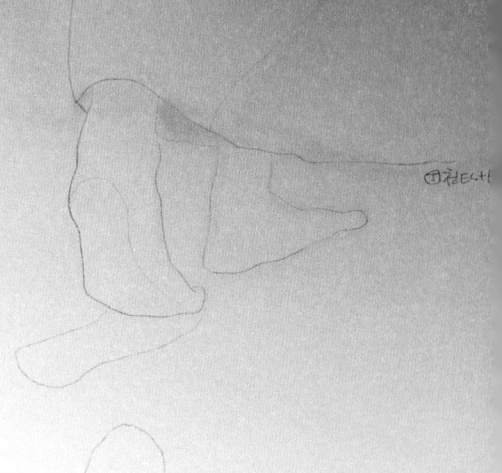

내 뜻대로 걷는
교만한 백 걸음 멈추고
주께서 원하시는

겸손한 두걸음 걸어요

내가 걷는 영의 두걸음

기쁨속에 정금길 걸음

찬양하며
생명길 걸음

내딛내려놓고
주께 맡긴 마음 춤추며
주께서 원하시는
기쁨의 두걸음 걸어요.

두걸음 두걸음

주와 함께 걷는 두걸음

두걸음 두걸음

생명향해 걷는
두걸음

주께서
원하시는

기쁨의 두걸음 걸어요.

오늘의
하루

아침 햇살 속에서

눈을 감고 기도해요.

따뜻한 공기와

눈앞의 빛에 숨겨진

그분의 사랑을 마음에
깊이 새겨요.

내가 살아가는 오늘은
그분이 주신

가장 아름다운날 이에요

한송이 꽃을 피우는 꽃나무처럼

나의 작은 손길로

사모다움을 만들고
나의 작은 위로로
물에 젖은 옷을 입고 사는
그들을 따뜻하게 만들어요.

하루가 끝날때마다
모든것을 그분의 손에 맡기며
감사와 찬양으로
수를 놓아요.

오늘은 오늘이요
내일은 내일이니

오늘의 나는
그분 안에서 충분해요

영원을 향한

오늘의 하루를
잘 살았어요.

회개
기도

회개기도

_출처 『읽는기도』

만일 우리가 우리 죄를 자백하면
그는 미쁘시고 의로우사
우리 죄를 사하시며
우리를 모든 불의에서
깨끗하게 하실 것이요

요일 1:9

여호와는
마음이 상한 자를 가까이 하시고
충심으로 통회하는 자를
구원하시는도다

시 34:18

말씀으로
기도하기

예수님께서 흘려주신 생명의 보혈로
회개의 문을 열어 주시옵소서.
하늘문을 열어 주시고 보혈의 제단에
보혈의 피를 뿌려 주시옵소서.
회개의 영을 부어 주셔서 죄 씻음 받기를 원합니다.
예수님의 보혈을 의지합니다.
주 예수님 나를 불쌍히 여겨 주시옵소서.
하나님이 원하시는 뜻대로
회개할 수 있게 도와주시옵소서.
성령님이 말할 수 없는 탄식 가운데
회개의 불을 내려 주시옵소서.
예수 그리스도의 피뿌림이
내 속사람에게 뿌려지기를 원합니다.
하나님이 내 영혼을 건지시고
주의 보혈로 나를 구원하여 주시옵소서.

성령의 불이 임하는 회개를
허락해 주시옵소서.
예수님 안에 있는 생명과 성령의 법이
죄와 사망의 법에서 나를 해방하여 주시옵소서.
예수님은 하늘과 땅의 모든 권세가 있으십니다.
예수님은 세세토록 살아 계시고
사망과 음부의 열쇠를 가지신 참 하나님이십니다.
죄를 사하시는 권세와 천국의 열쇠를 쥐고 계신
예수님의 보혈이 생명임을 믿습니다.
내 악함을 회개하고 주께 기도하오니
마음에 품은 죄를 사하여 주시옵소서.
회개하는 기도가 아름다운 향연이 되어
하나님 앞에 상달되기를 원합니다.
내 기도를 들으시고 내 회개를 기억하여 주시옵소서.

하나님께 기도하지 않아서
교만했던 죄를 용서해 주시옵소서.
기도하지 않아서 순종하지 못한 죄를 지었습니다.
기도하지 않는 죄는 영적인 교만입니다.
기도하지 않는 죄는 가장 고집스러운 완악한 죄입니다.
거역하는 것은 점치는 죄와 같고
고집 피우는 것은 우상숭배가 됩니다.
거역과 고집을 용서해 주시고 순종하는 마음을 주시옵소서.
육의 생각으로 기도한 죄를 용서해 주시옵소서.
혼으로 기도하고 감정으로 기도하여
성령님을 근심하게 만든 죄를 용서해 주시옵소서.

정욕으로 쓰려고
내 방식대로 잘못 구한 죄도 있습니다.
사람의 정욕을 따르며 살았고
육체의 남은 때를 죄 가운데 살아서 시간을 낭비했습니다.
내 감정과 경험을 의존하며 산 죄를 용서하여 주시옵소서.

기도하는 동안 생기는 자기의를 용서해 주시옵소서.
겉으로는 아니라고 하였어도
마음으로는 인정받으려고 한 자기의를 용서해 주시옵소서.
나 좀 알아줬으면 하는 숨겨진 자기의가 내 안에 있습니다.
사람 의식하며 살아온 죄를 용서해 주시옵소서.
죄 앞에 항상 넘어지며 해도 해도 안 되는 나를
불쌍히 여겨 주시옵소서.
끝났다고 생각할 그 때가
주님이 가장 가까이 계실 때인 것을 알게 하여 주시옵소서.
넘어진 그 장소에서 주님 손을 붙잡고
다시 일어설 수 있는 힘을 주시옵소서.
넘어진 그 자리가 겸손의 자리가 되고
거룩을 이루는 장소가 되기를 원합니다.

내가 휘두른 혈기가 죄의 채찍이 되어
남에게 상처를 준 죄를 용서해 주시옵소서.
땅 위의 것, 정욕의 것, 귀신의 것을 추구하며
산 죄를 용서해 주시옵소서.
죄의 정욕이 나에게 역사하여
스스로 사망의 열매를 맺고 살았습니다.

영혼을 거슬러 싸우는 육체의 정욕을
제어하는 능력을 주시옵소서.
세상이 주는 즐거움으로 일삼고
가증스럽게 남을 미워하며 살았습니다.
향락을 좋아하여 살았으나 죽은 삶을 살아왔습니다.
쾌락과 향락과 돈을 좇아 살아온 죄를 용서해 주시옵소서.

예수님의 보혈로 내 이름이 하늘에 기록된 것으로
감사하며 살겠습니다.
아무리 좋아보여도 죄이면
다 갖다 버리게 하여 주시옵소서.
기도 없이 내 자신을 믿고 스스로 해결하려고 한
영적인 교만과 육적인 교만을 용서해 주시옵소서.
믿음 없이 보고 듣고 생각하며 행동한 모든 죄를
용서해 주시옵소서.
기도로 시작하지 않고 기도로 마치지 않은 방종을
용서해 주시옵소서.

말씀을 듣기만 하고 행하지 않아
자신을 속이며 살아왔습니다.
믿기만 하면 구원받는다는 불완전한 신앙으로
순종하지 않았습니다.
한 번 구원은 영원한 구원이라고 속단하며
내가 주인되어 마음대로 살아온 죄를 용서해 주시옵소서.
예수님이 나의 죄 때문에 자신을 버리사
십자가의 희생으로 나를 구원해 주셨는데도
저는 믿기만 하면 천국간다는 비겁한 신앙으로

변명하며 살아왔습니다.
이제는 믿음과 삶의 행실로
하나님의 말씀을 순종하며 살겠습니다.
기도하지 못해서 영권 없이 살고
하나님의 영광을 가렸습니다.
이제부터는 모든 일에 겸손히 기도로 시작하여
기도로 마치겠습니다.

내 영혼을 돌보지 않은 영적인 게으름을
용서하여 주시옵소서.
내 마음을 돌보지 않은 영적인 무기력함을
용서하여 주시옵소서.
내 생각을 돌보지 않은 영적인 나태함을
용서하여 주시옵소서.
내 생각을 관리하지 않고 불의로 마음을 더럽혔습니다.
내 마음을 관리하지 않고 불의로 심령을 더럽혔습니다.
예수님의 십자가 보혈로 용서해 주시옵소서.

예수님의 보혈, 보혈, 보혈을 원합니다.
내 입술을 관리하지 않고 불의로 온몸을 더럽혔습니다.
이제부터는 입을 열면 사랑을 베풀고
내 혀로 인애의 법을 말하며 살겠습니다.
예수님이 주시는 보혈의 능력과 존귀로
옷을 삼고 살겠습니다.
하나님께 기도로 고백하고 마음 먹은대로 살기를 원합니다.

내 유익에 따라 사람들을 배신하며
조급하게 살았습니다.
자기중심적인 생각으로 자만했고
쾌락을 추구하며 산 죄를 용서해 주시옵소서.
경건의 모양은 있었으나
경건한 삶은 살아내지 못했습니다.

알게 모르게 지은 죄,
꿈에서 지은 죄,
무의식적으로 지은 죄,
눈으로 지은 죄,
귀로 지은 죄,
입술로 지은 죄,
손과 발로 지은 죄,
몸으로 행한 모든 죄를
예수님의 십자가 피로 용서하여 주시옵소서.

말 하는 것,
보는 것,
듣는 것,
가는 곳을
절제하지 못하며 살아왔습니다.
먹지 말아야 할 것을 먹었고
가지 말아야 할 곳을 가고야 말았습니다.
선한 것을 좋아하지 않고
도리어 악한 생각과 악한 일을 저지른 죄를
용서해 주시옵소서.

나를 사랑하고 타인은 비방하며
교만과 자랑을 일삼은 죄를 용서해 주시옵소서.
삶의 손을 깨끗하게 하지 않고
양심을 속이며 살아왔습니다.
세상 반 신앙 반을 오가며 두 마음을 품고
살아온 죄를 보혈로 용서해 주시옵소서.

죄로 인해 애통해하며 눈물로 고백하며 기도합니다.
내 웃음을 애통으로, 내 즐거움을 근심으로 바꾸는
진정한 회개를 원합니다.
주 앞에서 낮추고 또 낮추는 삶을 살게 하여 주시옵소서.
주님이 나를 공의 가운데 높여 주시는 그날까지
온유와 겸손의 띠를 매고
내려가는 삶을 살게 해주시옵소서.

나의 거룩하지 못한 말과 행동 때문에
주님의 이름이 거룩히 여김을 받지 못하였습니다.
이 어리석은 죄인을 용서하여 주시옵소서.
이 곤고한 죄인을 보혈의 빛으로 비춰 주시옵소서.
보혈의 빛이 내 생각을 비추어 주시옵소서.
내 마음을 비추고 내 심령을 비추어 주시옵소서.
말세에 고통 하는 때는 나의 죄에 대한 영적인 고통입니다.
어리석은 죄에 참여하지 않게 해주시옵소서.
죄인들의 회중을 거부하여
죄인들의 재앙을 받지 않기를 원합니다.
하나님의 무서운 진노의 잔을
마시지 않게 하여 주시옵소서.

온전하게 회개할 때마다
내 영이 찬란한 빛의 옷을 입게 하여 주시옵소서.
나의 이름이 생명책에 기록되는
은혜를 내려 주시옵소서.
사망과 음부가 불못에 던져질 때
나의 영은 천국에서 해 같이 빛나게 하여 주시옵소서.
말씀을 실천하지 못할 것 같아서
일부러 성경을 보지 않고 산 적도 있습니다.
하나님의 뜻을 알고도 준비하지 않고
주님의 뜻대로 살지 못했습니다.
알지 못하고 맞을 일을 행한 이 죄인을 용서해 주시옵소서.
더 많이 받은 자로서 순종하며 살지 못한 죄를
보혈의 피로 용서해 주시옵소서.
하나님께 회개하오니 신실하지 못한 자가
받는 벌을 면하여 주시옵소서.

먹고 마시며 허송세월을 보내 온 지난날을 회개합니다.
술 취하여 헛된 말을 하고
세상에 취하여 세상 방식대로 살아왔습니다.
마음 놓고 살아왔고
몸이 원하는 대로 죄지으며 정욕대로 살았습니다.
주님 내 영혼을 더럽힌 죄악을
보혈의 피로 깨끗이 씻어 주시옵소서.
이제부터 버리는 종이 되어
하나님 나라에서 으뜸 되는 자로 살게 하여 주시옵소서.
내 가치관을 버리고 세상의 방식을 버리고
살기를 원합니다.

마귀가 주는 세상 껍데기에 가려
살지 않게 하여 주시옵소서.
내 마음의 가죽을 벗기고
내 생각의 찌꺼기를 버리고
살게 하여 주시옵소서.

주님이 땅에 불을 던지러 오셨사오니
내 심령에 먼저 그 불을 던져주시옵소서.
성령의 뜨거운 불을 받아
내 마음이 복음의 열정으로 가득차기를 원합니다.
예배를 드리고 말씀을 듣고
선을 행할 줄 알면서도 행하지 않았습니다.
행함 없는 믿음과 사랑이 없는 믿음을 용서해 주시옵소서.
말씀을 알고도 희생이 두려워
불순종한 죄를 용서해 주시옵소서.

이제부터는 순종은 속히 하고
죄에는 미련하게 살겠습니다.
주님을 믿으면서도
내가 아프고 손해 보는 것에만 집중했습니다.
주님을 믿으면서도
내가 힘든 것에만 이기적으로 생각했습니다.
저는 어리석게도 안정될수록 움켜쥘수록
더 많은 죄를 짓고 말았습니다.
십자가에서 죄의 탐욕과 자아가 온전히 죽지 못한 것을
예수님의 보혈로 용서해 주시옵소서.

하나님의 일을
내 열심과 내 의로 했던 죄를 용서해 주시옵소서.
내 목적을 위하여 사람들을 이용하고
내 욕심으로 나를 돋보이기 위해
예수님의 이름마저 사용하고 살아왔습니다.
하나님의 영광을 가로채고
내 의를 높인 교만을 용서해 주시옵소서.
사람들의 칭찬으로 나를 교만하게 만들고
그 칭찬이 우상이 되어 높임을 받은
가장 어리석은 교만한 죄를 용서해 주시옵소서.
이제부터는 하나님의 열심으로 일하고 성령으로 봉사하며 하
나님의 의로 살아가도록 힘쓰겠습니다.
주님 오실 날이 가까웠는데도 세상에 빠져 즐기고
생활의 염려를 하며 성령님을 근심하게 만들었습니다.
지금부터는 정신을 차리고
근신하여 기도로 깨어 있겠습니다.
성령의 기름을 준비하겠습니다.

보혈을 의지하여 내 죄악을 자백하고
모든 죄를 던져 버리겠습니다.
하나님께서 저를 불쌍히 여겨 주시옵소서.
탐욕과 정욕의 죄도 버립니다.
비워진 자리에 성령으로 채워 주시옵소서.
하나님께 헌금을 드린다고 하면서도
눈 먼 희생제물을 바쳤습니다.
저는 것과 가치 없는 것을 드려 악을 행하였습니다.
이제부터는 믿음의 제물을 드리고

온전한 내 삶을 드리겠습니다.
주님이 기뻐하시면 나도 함께 기뻐하겠습니다.
회개의 제물을 내 삶의 열매로 드리게 하여 주시옵소서.
헛된 것을 따라 헛되이 말하고 행한 죄를
용서해 주시옵소서.
사람을 의지하고 헛되이 도움을 바라며 살아왔습니다.
사람의 전통을 교훈 삼아 잘못 가르치고 산 죄를
용서해 주시옵소서.
육신의 생각을 따라 헛되이 말하고 행하여
거짓되게 살았습니다.
주님의 은혜를 세상 것과 맞바꾸며
받은 은혜를 다 쏟아 버렸습니다.
주님 이 어리석은 죄인을 용서하여 주시옵소서.
해도 해도 안 되는 이 죄인을 포기하지 말아 주시옵소서.
끝까지 주님의 손을 붙잡고
끝까지 믿음을 지키기를 원합니다.

예수님이 나의 죄를 위해 십자가에서 죽으시고
삼일만에 부활하신 것을 마음으로 믿고 고백합니다.
모든 죄를 용서받아
예수님의 생명책에 내 이름이 기록되게 하여 주시옵소서.
지옥 갈 인생을 구해 주신 예수님께
빚진자로 살기를 원합니다.
예수님이 길이요, 진리요, 생명이신 것을 믿습니다.
예수님이 부활이요, 생명이신 것을 믿습니다.
예수님을 믿으면 죽어도 살겠고 살아서 믿는 자도
영원히 죽지 않을 것입니다.

부활의 자녀로서 하나님의 자녀됨을 믿습니다.
선한 일을 행하여 생명의 부활이 되게 하여 주시옵소서.

그리스도와 함께 부활의 권능과
그 고난에 참여함을 알게 하여 주시옵소서.
오늘도 어떻게 해서든지 죄를 버리고
부활에 이르려고 몸부림칩니다.
예수님을 믿으면 나도 주님처럼
부활의 몸을 입을 수 있음을 믿습니다.
아멘

주여
나를 도우시고
이 모든 죄의 구덩이에서 건져내 주시옵소서.
사랑으로써 역사하는 믿음을 주시고
모든 죄를 예수님의 보혈로 씻어 주시옵소서.
하나님을 잊고 악을 행하면서 깨닫지 못한 죄가 있습니다.
말씀을 온전히 순종하지 않고 충성하지 못한 죄를
용서해 주시옵소서.

나의 성격이
하나님의 거룩한 성품이 되게 하여 주시옵소서.
나의 인격이
하나님의 깨끗한 인품이 되게 하여 주시옵소서.
자연스러움 속에 있는 죄와
세상의 풍조를 따른 죄를 회개합니다.
이 회개를 가로채는 마귀 사탄 귀신의 세력들아

예수님의 이름으로 묶임 받고 떠나갈지어다.

이제부터는 회개 된 깨끗한 주님의 성품과 인품을 가지고 살아갈 수 있도록 힘써 노력하겠습니다.

내가 겪은 상처와 교만이

나에게서 나온 욕심이라는 것을 알게 되었습니다.

내가 피해자라며 억울해 하고

내 중심적으로 생각한 이기적인 죄의 본성을

용서해 주시옵소서.

나에게 피해의식을 주는 악한 영들아

예수님의 이름으로 떠나가라.

나만 억울하다고 생각한 감정도 이제 와서 보니

남에게 인정받으려고 한 자기의였습니다.

입술로 말한 서약을 지키지 못한 죄를 용서해 주시옵소서.

불안이 나를 지배하도록 내버려 둔 것을

사하여 주시옵소서.

내 겉사람과 속사람이

죄로부터 완전히 해방되기를 간구합니다.

나에게 죄 지은 모든 사람을 용서하오니

나의 죄도 사하여 주시옵소서.

내 손을 잡고 회개의 영을 부어주신

성령님께 감사드립니다.

주홍빛 같은 내 죄를 보혈의 피로 용서해주신

예수 그리스도의 이름으로 간절히 기도합니다.

아멘

더 깊은 회개기도

_출처『읽는기도』

자기의 죄를 숨기는 자는
형통하지 못하나
죄를 자복하고 버리는 자는
불쌍히 여김을 받으리라

잠언 28:13

무릇 내가 사랑하는 자를
책망하여 징계하노니
그러므로 네가 열심을 내라
회개하라

계 3:19

말씀으로
기도하기

하나님께서 구하시는 예배는 상한 심령입니다.

하나님이 나를 불쌍히 여겨 주셔서

상하고 통회하는 내 마음을 받아 주시옵소서.

예수님이 흘려주신 피로써

내 죄악이 깨끗이 씻기게 하여 주시옵소서.

추하고 더러운 모든 죄를 주님 앞에 다 내어 드립니다.

주님이 모두 가져가시고

새로운 피조물이 되게 하여 주시옵소서.

주의 피로 이룬 보혈의 샘물이 내 마음에 넘치기를 원합니다.

예수님이 흘리신 보혈의 능력을 믿습니다. 아멘.

회개의 고백이

내 몸과 마음과 영혼을 흔들어 깨우게 하여 주시옵소서.

내 골수와 관절을 찌르시는 회개를 내려 주시옵소서.

주님이 보내 주신 주변 사람들과

화평을 이루지 못하고 살아왔습니다.

내가 하기 싫은 일을
다른 사람에게 하게 한 죄를 용서해 주시옵소서.
나를 세속에서 지켜내지 못하고
내 몸을 쾌락에 내어주며 거룩하지 못했습니다.
예수님의 십자가 피로 용서하여 주시옵소서.
예수님의 거룩을 지켜 드리지 못했고
그 이름을 부끄러워했던 적도 있습니다.
이제부터는 거룩의 옷을 입고
예수님의 이름을 선포하며 살겠습니다.
하나님의 대리자 역할을 올바로 하지 않고
연약한 사람들에게 말로 상처 주고 죄짓게 만들었습니다.
필요에 따라 사람을 만나고 판단하며 사랑하지 못했습니다.

내 삶이 거짓되고 위선된 것을 용서해 주시옵소서.
하나님의 말씀을 작은 것부터 지키지 않고
순리를 거스른 죄를 지었습니다.
모든 말씀을 온전히 믿지 못하고
내 경험과 지식이 앞섰습니다.
돈을 좋아하고 이기적이며
자기중심적인 삶을 용서해 주시옵소서.
칭찬에 목말라 하고 자아의 만족을 추구하며
자아를 우상처럼 섬겼고, 교만한 마음으로
인정받고 싶은 욕구를 갈망한 죄를 지었습니다.
성령 안에서 죄 씻음 받아
거룩함과 의롭다 하심을 얻게 하여 주시옵소서.
내가 갖지 못한 것을 탐심하여 욕심부린 죄를
예수님의 보혈로 용서해 주시옵소서.

이루지 못한 목표를 죄의 핑계로 삼아,
제 잘못을 환경 탓으로 돌리고
합리화한 기만을 용서해 주시옵소서.
죄인 것을 알면서도
이익이 되면 속이고 합리화하며 살았습니다.
죄를 짓고 마는 고집스런 교만을
예수님의 십자가 보혈로 용서해 주시옵소서.
순간을 모면하는 거짓말, 교활한 생각,
거짓으로 나를 방어한 죄를 용서해 주시옵소서.
숨은 것이 드러나지 아니할 것이 없고
감추인 것이 알려지고 나타나지 않을 것이 없습니다.
내가 어떻게 들을까 스스로 삼가게 하여 주시옵소서.
내 마음이 교만하여
내일도 살아 있을 거라고 자신하며 살아왔습니다.
하루 동안에 무슨 일이 일어날는지 알 수 없는
내 인생을 불쌍히 여겨 주시옵소서.

속이는 것은 하나님을 조롱하는 행위입니다.
지금까지 수없이 하나님을 조롱하며 살아온 죄를
보혈로 용서해 주시옵소서.
나만 생각하고 남을 배려하지 않는 이기적인 삶을
용서해 주시옵소서.
이제부터는 예수님을 생각하고
계명을 온전히 지키며 살겠습니다.
옛 사람의 본성과 습관대로 행동하여
죄의 법에 종노릇 했습니다.

죄의 쓴 뿌리를 방치하고
세상의 방법대로 죄를 키워왔습니다.
허망한 것을 좋아하고 세상 것에 즐거워하며
나이를 먹으면서 지은 모든 죄를 용서해 주시옵소서.
그리스도 안에서 참 말을 하지 않고
거짓말한 죄를 용서해 주시옵소서.
나에게 큰 근심이 있는 것과
마음에 그치지 않는 고통이 있습니다.
근심으로 내 심령을 상하게 만든 어리석음을
용서해 주시옵소서.
내 양심이 성령 안에서 온전해지기를 원합니다.

남을 미워하고 다투며 살아왔고
생각과 마음으로 남을 살인하며 사랑하지 못했습니다.
나에게 상처 준 모든 사람들을
성령의 힘으로 용서할 수 있는 믿음과 사랑을 주시옵소서.
내 심령의 잔을 사랑으로 채워 주시옵소서.
내 생각의 잔과 마음의 잔을 말씀으로 채워 주시옵소서.
사랑의 씨를 품어 사랑의 열매를 맺게 하여 주시옵소서.
사랑으로 살게 하여 주시옵소서.
사랑은 이웃에게 악을 행하지 않는다고 말씀하셨습니다.
어두움의 일을 벗어 버리고 빛의 갑옷을 입혀 주시옵소서.
그리스도의 옷을 입고 사랑하며 살고 싶습니다.
모든 사람들을 있는 그대로 사랑하고
그들이 사랑받고 있다는 것을 느낄 때까지
사랑하게 하여 주시옵소서.
하나님의 말씀 안에서 서로 사랑하고 살겠습니다.

하나님이 내 안에 사랑으로 거하시는
온전한 사랑을 이루어 주시옵소서.

죄를 변명하고 핑계 대는 삶을 살아온 죄를
용서해 주시옵소서.
정직하지 못하고 진실하지 못했습니다.
내가 원하는 것을 하기 위해
죄에 잠깐 내어준 적도 있었습니다.
생각 없이 무익한 말을 한 죄를
예수님의 십자가 피로 용서해 주시옵소서.
입술로 교만하게 욕하고 불평하며 다툼을 만들었습니다.
마음으로는 다른 사람을 이간질하고
입으로는 남의 허물을 드러냈습니다.
미련하고 어두운 생각으로 마음을 더럽힌 죄를
용서해 주시옵소서.
처지를 비관하고 낙담하여 자신을 미워한 죄를
용서해 주시옵소서.
스스로 자괴감에 빠져 자기를 연민하며 살아왔습니다.
마음은 원이로되 망설이며 지체했고
그로 인해 하나님의 뜻을 이루지 못한 죄를
용서해 주시옵소서.

죄를 드러내는 보혈의 능력을 믿습니다.
죄를 깨닫게 해주셔서 내 모든 악한 것들이
남김없이 떠나가게 하여 주시옵소서.
미워하여 수천 마리의 귀신을
내 영혼에 달라붙게 한 죄도 지었습니다.

마음에서 나오는 악한 생각과 말로써
다른 사람의 시간을 도둑질한 죄를 용서해 주시옵소서.
나의 생각과 경험이 내 우상이 되었습니다.
남이 잘 된 것에 부러워하며 시기했습니다.
이웃의 것을 탐내고 악인의 형통을 부러워한 죄를
용서해 주시옵소서.
모르는 사람을 함부로 대하고 이익을 따지며 살아왔습니다.
주변 사람들을 사랑과 화평으로 대하지 않고
나와 맞지 않으면 돌아서 버리고
그 영혼을 생각하지 않고 살아왔습니다.
제 안의 모든 불의와 음행과 탐욕을 용서해 주시옵소서.

남에게 화내고 혈기 부려서
하나님의 의를 이루지 못했습니다.
다른 사람을 비판하고 수군거리며
나를 속여 높인 교만을 용서해 주시옵소서.
내 자랑을 하면서
입술로는 거짓되게 아닌 척하며 살아왔습니다.
하나님 위선적인 내 말과 행동을 용서해 주시옵소서.
마음과 생각을 죄의 잔뿌리로 방치하고 세월을 낭비했습니다.
악한 일을 계획하고 약속을 저버리고 무정하며
먼저 화해하지 않은 잘못을 했습니다.
예수님을 믿고 보혈을 의지하여 기도합니다.
모든 추악과 우매한 행동을 용서해 주시옵소서.

생각으로 죄짓고 상처를 키워 원망하고 처지를 비관했습니다.
다툼과 분노로 하나 되지 못하고 자긍하며

높은 곳에 마음을 둔 죄를 용서해 주시옵소서.

겸손한 생각과 겸손한 심령을 내려 주시옵소서.

능력의 말씀으로 죄를 정결하게 씻어 주시옵소서.

보혈의 능력을 믿습니다. 믿습니다. 믿습니다.

부모님의 말을 거역하고 공경하지 않았습니다.

세상의 유혹에 따라 돈을 사랑하며 근심한 죄를

용서해 주시옵소서.

매 순간 감사하지 못하고 거룩한 행실을 저버리고

절제하지 못했습니다.

마귀가 주는 조바심으로 급하게 생각하고 행동하여

하나님의 영광을 가린 죄를 용서해 주시옵소서.

사납게 말하고 냉정하게 행동하여 원통함을 풀지 않으며

정 없이 행동한 죄를 용서해 주시옵소서.

다른 사람을 율법으로 판단하고 정죄하며

심판자 자리에서 교만하게 살아온 저를

불쌍히 여겨 주시옵소서.

하나님의 자비로 심판을 늦춰 주셨지만

시간을 지혜롭게 쓰지 못한 것을 용서하여 주시옵소서.

회개의 기도가 생명의 구원이 되기를 원합니다.

과거의 후회로 내 마음을 낙심하게 만들었고

자족하지 못하며 불평한 죄를 용서해 주시옵소서.

내 육이 여전히 살아 있어 죄에 반응하고

육의 소욕대로 살아왔습니다.

죄에 내어주면 내 영은 소리 없이 죽어가는 것을

알게 하여 주시옵소서.

육체의 소욕은 성령을 거스르고 성령은 육체를 거스릅니다.

내가 하고자 하는 죄를 막아 주시는 분은
오직 내 안에 계신 성령님이십니다. 아멘! 아멘! 아멘!
죄를 지어 성령님을 근심하게 만든 저를
긍휼히 여겨 주시옵소서.

작은 죄와 타협하며 스스로 속이고
안일하게 살아온 육적인 죄를 용서해 주시옵소서.
내가 원했던 성공과 돈과 욕심이 내 목에 연자 맷돌이 되어
사랑하며 살지 못했습니다.
예수님의 보혈로 긍휼히 여겨 주시옵소서.
내가 잘하는 것을 이용하여 스스로 높이고
자고한 죄를 지었습니다.
양심을 속이고 이 세상의 법을 어기며 살았습니다.
죄와 타협하여 양심에 화인 맞아
스스로 속인 죄를 용서해 주시옵소서.
환경에서 오는 마음의 고통과 육신의 질병과
가정의 고통을 용서해 주시옵소서.
죄의 열매와 죄의 결과를 보혈로 씻어 주시고
죄의 쓴 뿌리를 성령의 불로 남김없이 태워 주시옵소서.

살아가는 동안 눈에 보이는 것을 더 믿고
하나님께 기도하지 않고 믿음 없이 좌우로 치우치며
살아온 죄를 용서해 주시옵소서.
모든 죄를 버리고 성령의 사람,
기도의 사람이 되게 하여 주시옵소서.
영의 사람이 되어 서로 사랑하며
이웃과 일치된 삶의 결합으로 살게 하여 주시옵소서.

하늘의 법과 말씀이 기준이 되는 삶을 주시옵소서.
죄의 길을 없애 주시고 나의 갈 길을 밝히 보여 주시옵소서.
생각과 마음을 속인
교만한 눈과 거짓된 혀를 용서해 주시옵소서.
성령의 기름을 사역의 영에게 속아
죄 가운데 빼앗기며 살아왔습니다.
슬기로운 처녀가 되어 성령의 기름을 지키고 유지하여
절대로 등불이 꺼지지 않게 하겠습니다.
악한 생각과 마음에서 생기는 모든 죄를
십자가의 피로 용서해 주시옵소서.
죄를 품어 세마포를 더럽힌 죄와 복음을 전하지 않은 죄를
용서해 주시옵소서.
습관적인 근심과 생활의 염려로 마귀에게 밥을 준 죄를
용서해 주시옵소서.
세상의 유행과 문화를 따라 영을 생각하지 않고
죄짓고 시간낭비 했습니다.

심판대 앞에서 책망받게 될 무익한 말과
무익한 생각과 마음을 용서해 주시옵소서.
몸의 정욕에 따라 행한 죄를 보혈로 씻어 주시옵소서.
내 어두운 심령에 "빛이 있으라" 말씀하여 주시옵소서.
거듭난 내 영혼에 빛을 뿌려 주시고
정직한 기도에 기쁨을 뿌려 주시옵소서.
안식일을 온전히 거룩하게 지키지 못하고
마음 없이 예배만 형식적으로 드리고
세상놀이와 쾌락을 추구하며 살아왔습니다.

나를 사랑하고 돈을 사랑하며 감사하지 않고
살아온 죄를 보혈로 용서해 주시옵소서.
배신하고 조급하며 자만하고 사납게 말하고 행동한 죄를
용서해 주시옵소서.
내가 잘하는 것을 자랑하여 남에게 좌절을 안겨주었습니다.
모함하고 절제하지 못하고 선한 것을 좋아하지 않았습니다.
세상과 구별되지 못하고 거룩하지 못하고
원통함을 먼저 풀지 않고 살아왔습니다.

쾌락 사랑하기를 하나님 사랑하는 것보다
더하고 살아온 죄를 지었습니다.
경건의 모양은 있으나
경건의 능력을 부인하는 자가 저였습니다.
예수님을 죄로 채찍질하며 넘겨준 쳐 죽일 자가 저였습니다.
자기의 정욕에 따라 행하며 죄의 열매들을 방치한 죄를
용서해 주시옵소서.

마음이 높아지고 뜻이 완악하여
교만한 눈으로 행한 죄가 있습니다.
교만하면 주님이 주실 나의 영광도 빼앗기는 것을
알게 하여 주시옵소서.
나의 존영이 죄로 인해 잃어버리지 않게 하여 주시고
나의 거룩한 위엄이 악한 자에게 빼앗기지 않기를 원합니다.
하늘의 위엄과 천국의 품격이
아름다운 영예가 되기를 원합니다.
죄는 버리고 버려서
하늘의 것을 더 받아 누리기를 간구합니다.

죄를 버릴 때 고침을 받을까 두려움을 주는 악한 영들아
예수님의 이름으로 명하노니 무저갱으로 떠나갈지어다.
"내가 고침 받으면 너희 악한 영들은 떠나가야 하므로
두려워하는 마음을 주는 것을 알고 있다."
"나는 예수님의 이름으로 죄를 이기고 다스리고 다 버려서
하나님의 의를 이룰 것이다."
"습관적인 죄를 전부 버리고 하나님이 주시는 영원한 것을
취할 것이다. 예수님의 권세가 나의 권세임을 믿습니다."

주님을 사랑한다고 말하면서
내 죄의 짐으로 주님을 수고롭게 했습니다.
내 죄악으로 주님을 괴롭게 만들었습니다.
사람 앞에 보이려고 꾸며 놓은 위선을 용서해 주시옵소서.
긴 시간을 마당만 밟고 살아온 어리석은 죄인의 자백을
받아 주시옵소서.
할 수만 있다면 택하신 자들도
미혹하는 말세에 더욱 깨어 기도하기를 원합니다.
내가 듣기 싫고, 읽기 싫은 말씀은 버려두고
내 방식대로 만들어 놓은 하나님을 우상숭배하며 살아온 죄를
용서하여 주시옵소서.
주님이 주신 십자가의 고난을 순종하지 않고
내가 하는 일에 마음을 빼앗겨 하나님과의 동행을 잊은 채
내 생각대로 주인되어 살아왔습니다.

하나님 앞에 계산적인 믿음, 계산적인 사랑,
계산적인 순종을 보혈로 용서해 주시옵소서.

죄의 문 앞에서 서성이고 사람의 정에 따라
감정적인 믿음을 가진 죄를 용서해 주시옵소서.
내 몸을 악에게 내어주고
하나님의 선을 외면한 죄를 지었습니다.
하나님, 내 안에 성령의 빛을 비추어
천국의 영광을 소망하며 살게 하여 주시옵소서.
성령께서 회개하는 자에게 긍휼을 베푸시고
능력을 주실 것을 믿습니다.
마음을 놓고 살아가는 것이
죄의 시작임을 알게 하여 주시옵소서.
외로움과 슬픔의 문을 열어놓고
과거의 상처를 버리지 못한 죄를
예수님의 피보혈로 용서해 주시옵소서.
세상의 인정과 성공을 생각하며 하나님의 말씀과
하나님의 일을 저버린 죄를 용서해 주시옵소서.

죄를 더욱 엄격하게 다스리기를 원합니다.
내가 인정받고 좋아하는 사람과 함께하며
위선된 섬김을 하고 복음을 핑계 삼아
세상 놀이에 죄를 합리화한 어리석음을 용서해 주시옵소서.
다른 사람의 허물을 보지 않고
나를 들여다보는 은혜를 주시옵소서.
앞으로는 주와 합하는 사람이 되겠습니다.
책망할 것이 없는 자로 끝까지 견고하게
완주할 수 있도록 도와주시옵소서.
가장 낮은 곳에서 가장 빛나는
겸손과 사랑으로 살기를 원합니다.

낮아지고 낮아지고 내려가고 내려가게 하여 주시옵소서.
사람들에게 가르치는 것처럼 그대로 살지 않은 위선을
예수님의 보혈로 용서해 주시옵소서.
주님이 맡겨 주신 작은 일에 충성을 다하지 못한 죄를
용서해 주시옵소서.
말씀대로 사는 것을 진리로 가르쳐서
말씀과 성령으로 살기를 원합니다.
하나님의 높은 소명으로부터
거룩한 직분을 얻게 하여 주시옵소서.

부활하신 예수님이 내 마음에 임하여 주시옵소서.
예수님의 피뿌림이 사랑이 되어
내 마음에 뿌려지게 하여 주시옵소서.
예수님의 보혈을 믿음으로 마십니다.
보혈이 사랑이 되게 하여 주시옵소서.
보혈이 인내가 되게 하여 주시옵소서.
보혈이 절제가 되게 하여 주시옵소서.
보혈이 기쁨이 되게 하여 주시옵소서.
말씀이 양선이 되게 하여 주시옵소서.
말씀이 온유가 되게 하여 주시옵소서.
사랑하는 예수님의 심령이 되기를 원합니다.
사랑하는 예수님의 발걸음이 되기를 원합니다.
사랑하여 보는 눈과 사랑하여 듣는 귀가 되기를 원합니다.
작은 고난을 마치 큰 것인양 말로 과장하여
사람들의 위로를 사려 했고 그 속에서 나를 높이는
자기의와 교만을 용서해 주시옵소서.

올바르지 않은 것을 방치하고 나를 돌보지 않고
타인을 돌보지 않았습니다.
하나님 저는 무자비하고 잔인하며 사악한 자입니다.
지옥의 극형을 받아 마땅한 저를 구원해 주셔서 감사합니다.
저는 내가 원수라고 말한 그들보다 훨씬 중한 죄인입니다.
너무나 보잘것 없는 저를 용서해 주시옵소서.
악한 원수보다 못한 저를 용서해 주시고
원수보다 더 타락한 저를 구원해 주셨사오니
이제부터는 계명을 지키며 살겠습니다.
모든 죄를 예수님의 보혈로 용서받고
죄를 과감히 버리겠습니다.

순종하는 듯하였지만 순종하지 못했습니다.
기도하는 듯하였지만 기도하지 못했습니다.
겸손하는 듯하였지만 겸손하지 못했습니다.
자족한 듯 살았지만 자족하지 못했습니다.
정직한 듯 살았지만 정직하지 못했습니다.
거룩한 듯 살았지만 거룩하지 못했습니다.
스스로 착각하여 된 줄로 알고 속이며 살아온 죄를
용서해 주시옵소서.
작은 죄를 타협하며 살아온 죄를 예수님의 십자가 보혈로
용서하여 주시옵소서.
하나님 아버지, 내가 내 입으로 말실수를 하여
내 영혼을 학대한 죄도 지었습니다.
보는 것을 잘못 보고 듣는 것을 잘못 들었습니다.
올바르지 않은 생각과 행동을
보혈로 깨끗이 씻어 주시옵소서.

하나님, 나의 모든 죄를 가져가시고
하나님의 은혜로 채워 주시옵소서.
하나님, 나의 모든 악을 가져가시고
하나님의 의로 바꾸어 주시옵소서.
내가 죄를 지을 때마다 마귀에게 밥을 주어
넘어진 죄에서 또 넘어지는 죄를 지었습니다.
스스로 긍지를 가지고 교만한 마음을 키워왔습니다.
죄악된 욕망을 품고 그 죄를 키워서 혈기 부린 죄를
용서해 주시옵소서.
혈기대로 생각하고 감정대로 말하고
혈기 부려 행동한 죄를 용서해 주시옵소서.
죄를 지을 때마다 그 자리에서
바로 바로 회개하게 도와주시옵소서.

교만하고 거짓되고 음란하며 위선된 모든 죄의 흔적을
보혈로 깨끗하게 지워 주시옵소서.
하나님께서는 나의 죄를 기억하지 않으실
능력이 있음을 믿습니다.
성령의 불이 회개의 불세례가 되게 하여 주시옵소서.
상처 속에 숨어있는 나의 의와 외로움을 보혈로
용서해 주시옵소서.

죄악된 소리를 듣게 내어주어 내 심령을 상하게 만든 죄를
용서해 주시옵소서.
답답한 마음속에 숨어있는 내 교만한 죄를 알게 되었습니다.
답답한 것도 내가 교만하여 생기는 죄였음을 고백합니다.
예수님의 십자가 보혈로 용서해 주시옵소서.

겉으로 사랑하는 듯한 모습 속에 숨겨진 나의 위선을
용서해 주시옵소서.
하나님 아버지, 남에게 상처받으면서
내 안에 들어온 죄가 있습니다.
내가 상처받아서 억울하다고 하기 전에
나도 다른 사람에게 상처를 주고 남의 마음을 죽이며
살아온 죄를 먼저 용서해 주시옵소서.
지금 와서 보니 내가 받은 그 상처가
남을 아프게 한 또 다른 상처가 되었습니다.
내 자신이 상처의 문을 열어놓아 생기게 된
어리석은 행동이었음을 자백합니다.
주님, 내가 과거에 받은 이 상처 속에 남아 있는 잠재적인
죄까지도 예수님의 십자가 보혈로 깨끗이 씻어 주시옵소서.

하나님 아버지, 교회 일을 하면서 인정받고 싶어 했던
숨겨진 자기 의를 예수님의 보혈로 용서해 주시옵소서.
주의 이름으로 한다고 하였으나 속으로는 인정받기를 원했고
주를 위한다고 하였으나 내 이름과 유익을 위해서 했습니다.
하나님의 열심 속에 내 열심을 교묘하게 섞어
속이며 살아온 죄를 보혈의 피로 용서해 주시옵소서.
선을 행할 줄 알고도 행하지 않은 죄를 회개합니다.
거짓 자아에 속아서 스스로 죄의 무덤을 만들고
죄의 덫에 걸리게 만든 어리석은 저를 불쌍히 여겨 주시옵소서.
하나님의 일을 해 놓고도 사람들의 말과 반응을 살피면서
사람따라 생각하고 행동했습니다.
하나님, 사람따라 반응하지 말고
말씀따라 반응하게 하여 주시옵소서.

사업과 일이 잘되어 웃고 살면서
안일한 마음으로 행동하고 살아왔습니다.
하나님 내 육신의 안정으로
지옥길에 들어서지 않기를 원합니다.
모든 사람에게 칭찬받으려고 한 죄를 용서해 주시옵소서.
넓은 길 끝에 넓은 문이 있다는 것을 기억하고 살겠습니다.
복음과 거꾸로 가는 길은 좁은길이 아니요,
생명길도 아닙니다.
내 마음에 희생과 사랑이 없는 길은 넓은 길이요,
지옥길입니다.
자기만족으로 살아온 죄를 용서해 주시옵소서.
이제부터는 내 중심이 아닌 예수님 중심으로 살겠습니다.
하나님 중심, 예수님 중심, 말씀 중심, 성령의 뜻대로
살기를 원합니다.
내 심령의 중심에 성령의 불기둥을 세워 주시옵소서.
내 생각의 중심이 여호와의 불기둥이 되게 하여 주시옵소서.
내 삶의 중심이 말씀이 되기를 간구합니다.
사람들의 눈치를 보며 살아온 거짓된 삶을
용서해 주시옵소서.
사람 눈치 살피며 회칠한 무덤으로 살아온 죄를
용서해 주시옵소서.
내 들보는 보지 못하고 경솔하게 남을 충고하고 가르치며
살아 온 죄를 용서해 주시옵소서.
회개의 불이 임하여 내 심령에 십자가의 대로를
크고 넓게 뚫어 주시옵소서.
내 마음에 거짓이 있는데도 좋게 말하는 위선과
사랑이 없는데도 진실된 것처럼 행동한 죄를 지었습니다.

마귀의 유혹을 덥석 입에 물고 죄의 종노릇하며
주님의 이름을 무참히도 짓밟고 더럽히며 살아왔습니다.
지금까지 마귀가 주는 칭찬의 대접을 다 받아 누리고
나도 모르는 중에 교만의 면류관을 쓰고 다닌
어리석은 죄를 지었습니다.
사람들이 주는 대접을 이유 없이 다 받아먹고 살다가
양심에 화인 맞아서 죄로 인식조차 못한 죄를
용서해 주시옵소서.

기도하는 것이 자랑이 된 것도 용서해 주시옵소서.
기도 많이 한 것을 누가 좀 알아줬으면 하는 생각을
용서해 주시옵소서.
내 허물을 깨닫게 도와주시고 나를 숨은 허물에서
벗어나게 하여 주시옵소서.
선행하는 나 좀 알아줬으면 하는 자기의를
용서해 주시옵소서.
기도하는 자기의, 헌금하는 자기의를 용서해 주시옵소서.
직분자가 가진 자기의, 설교하는 자기의,
복음 전하는 자기의를 용서해 주시옵소서.
사람들의 말과 행동을 의식하며 살아왔습니다.
상황따라, 환경따라, 기분따라, 감정따라 지은 죄를
용서해 주시옵소서.
실망과 좌절과 낙심 가운데 지은 죄를 용서해 주시옵소서.
예전에 누렸던 사람들도 다 죽었고
과거에 가졌던 사람들도 다 죽어 없어졌건만
저는 세상이 주는 대로 더 누려 보려고 했고
더 움켜쥐고 가져 보려고 한 어리석은 죄인입니다.

속는 것도 죄였고 타협하는 것도 죄였습니다.
생각과 마음으로 남 모르게 짓는 것도
다 죄였음을 인정합니다.
모든 것이 죄뿐인 내 삶을 예수님의 보혈이 살려주셨습니다.

내가 편한대로 생각하고 말하며
내 중심적인 삶을 살아왔습니다.
안일함 속에서 작은 죄를 경시한 것을 고백합니다.
작은 죄를 멈추지 않으면 그 죄가 쌓여 내 영을 죽게 만듭니다.
"이 정도면 괜찮겠지"라고 생각한 안일한 죄악을
용서해 주시옵소서.
내 연민에 빠져 나만 불쌍한 사람으로 합리화한 죄를
용서해 주시옵소서.
예수님을 믿는다고 말하면서도 내 유익대로 살고
십자가를 이용하여 또 죄를 짓고
내 몸을 죄의 종이 되게 살아 온 죄를 용서해 주시옵소서.

마귀가 악한 생각을 집어넣어 줄 때마다
그 악을 붙잡고 행동한 죄를 지었습니다.
내 마음에 좋은 대로 살아왔고
내 생각에 옳은 대로 살아 온 것을 회개합니다.
주의 종에게 고의로 죄를 지어 판단하고 험담했습니다.
주의 기름부음 받은 자를 비방했던 죄를 용서해 주시옵소서.
죄가 나를 주장하지 못하게 하여 주시옵소서.
케이크에 촛불 켜 놓고 소원을 빌었고
새해 첫날 태양이 떠오르는 것을 보며 소원을 빌었습니다.
까치가 울면 손님이 올 거라는 기복신앙도 있었습니다.

잘못된 것에 미련한 생각으로 우상숭배 한 죄를
용서해 주시옵소서.
타로점과 운세를 따져 보고 제사지낸 것과
무당을 찾아가서 점친 죄를 용서해 주시옵소서.
죄를 지어 놓고도 잊어 먹은 죄, 죄가 아니라고 생각한 죄,
죄인지도 모른 채 지은 죄를 보혈로 용서해 주시옵소서.

나의 죄 때문에 예수님이 가시관을 쓰시고
피 흘리며 계신 것을 생각하며
회개의 합당한 열매를 맺고 살기를 원합니다.
상대방의 말 한마디에 기분 나쁜 것을 느낀다면
아직도 내 자아가 죽지 않아
교만한 죄성을 가지고 있는 증거가 됩니다.
그리스도 우리 주 예수님 안에서
날마다 죽게 하여 주시옵소서.
날마다 내 자아를 부인하기 위하여
수시로 기도하고 항상 쉬지 않고 기도하겠습니다.
흘러가는 시간을 성령으로 붙잡기를 원합니다.
흘러가는 시간을 말씀으로 붙잡기를 원합니다.
주님 오실 날을 기다리고 준비하며 세월을 아끼겠습니다.
하늘의 것으로 채워 주시옵소서.
하나님의 영이 내 위에 임하게 하여 주시고
하나님의 영광이 내 영을 덮어 주시옵소서.
예수님의 이름을 위해 당하는 모든 외로움은
최고의 축복임을 믿고 살겠습니다.
하나님보다 앞서지도 않고 뒤쳐지지도 않는
온전한 동행이 되게 하여 주시옵소서.

오늘도 입술에 파수꾼을 세워 주셔서
말로써 죄짓지 않게 도와주시옵소서.
생각의 문과 마음의 문을 예수님의 이름으로
굳게 지키기를 원합니다.
말의 훈련으로 입술을 연단하겠사오니
입술의 권세를 주시옵소서.
생각의 훈련을 하여 생각의 권세를 받기를 원합니다.
마음의 연단으로 거룩한 심령을 이루어 주시옵소서.
양심의 훈련으로 더욱 깨끗한 심령으로
거듭나기를 간구합니다.
보고 듣고 말하고 생각하는 모든 것에 죄가 되지 않도록
연단하고 훈련하겠습니다.
내가 고백하지 못한 모든 죄까지도 용서해 주실 것을 믿고
예수님의 이름으로 보혈을 의지하여 간절히
간절히 기도합니다. 아멘.

초판 1쇄 인쇄 2025년 12월 25일
초판 1쇄 발행 2025년 12월 31일

지은이 하귀선
펴낸이 황성연
펴낸곳 하늘기획
출판등록 제306-2008-17호
주소 경기도 파주시 광탄면 혜음로883번길 39-32

전화 031- 947-7777
팩스 0505-365-0691
일러스트 및 캘리 천에스더
편집 박상진, 황인애
마케팅 이숙희, 최기원
제작 관리 이은성, 한승복
Copyright © 2025, 하늘기획

ISBN 979-11-92082-38-7 03230